미얀마
아라한의 수행

미얀마에서 존경받는
아라한, 큰스님들의 법문에서
위빠사나 수행 방법을 발췌하여 정리하였습니다.

미얀마 **아라한의 수행**

9 위빠사나 선사들의 법문 모음

편역 **강종미**

淩藏閣

서문

선사들께서는

"어떤 대상을 취하여 관하든,

물질만 관찰하든, 느낌만 관찰하든,

정신과 물질을 번갈아 관하든…

앞 대상과 뒤따르는 대상의 다름을 볼 수 있어야 한다.

대상이 끊어지는 자리를 보려고 노력해야 한다.

대상이 연결되어 보인다면 진짜 멸이 아니다.

낱낱이 끊어지는 것이 멸이다.

대상을 따라 쫓기만 하면 위빠사나와는 다른 길을 달려가는 것이다.

때가 무르익어 찰나의 생멸을 보는 그 순간 위빠사나가 시작된다."라고 말씀하신다.

위빠사나 수행법을 전하기 위해 미얀마 큰스님들의 법문을 번역하였다.

- 모곡 사야도, 웨부 사야도, 쉐우민 사야도와 삿담마란시 사야
  도는 법문을 발췌하여
- 때인구 사야도와 순룬 사야도는 제자들이 편집한 가르침을
- 옥포 사야도는 위빠사나로 숙고하는 지혜(삼마사나냐나) 부분을
- 레디 사야도는 법통을 이어받은 제자(위빠사나빠라구 사야찌)의
  편집본을 옮겨 적었다.

무량한 법 보시로 이 책을 출판해 주신 도오 스님, 범라 스님, 법
과 스님께 옷깃 여미며 삼배 올립니다. 송파구 법융사 스님들과 신
도님들에게 감사드립니다.

청현 스님, 여명 선생님, 강동국 님께 특별한 감사를 전합니다.

미얀마에서의 제 삶을 지탱해 주신 우빤디따 비왐사 큰스님께
온 마음으로 삼배 올립니다.

진리를 갈구하는 수행자들을 아낌없이 후원해 주시는 미얀마
분들과 수행 센타에도 머리 숙여 감사드립니다.

2023년 7월

편역자 강종미 합장

차례

때인구 사야도

Theinngu Sayadaw

때인구 사야도 일대기(법명: 우욱까타, 1913년~1973년)

때인구 사야도는 '삼명-천안통, 숙명통, 누진통'을 획득한 아라한으로 명성이 높다.

속가 이름은 우아웅통, 1913년 3월 16일 6남매 중 3남으로 태어났다. 한의사 아버지 덕분에 유복한 환경에서 자랐지만 극심한 난독증으로 초등학교를 중퇴했다. 14살에 마포아와 결혼해 딸 셋을 두었다. 20대 초반부터 46살까지 도둑과 강도들을 이끄는 대장으로 살았다. 마찌생인, 도씨, 도간쉐인 등 세 여성과도 혼인해 부인이 네 명이었다.

한 달 동안 명상 수행처를 다녀온 넷째 부인이 순룬 사야도의 일대기를 읽어 주었다. 평생 문맹의 농부로 살았던 순룬 사야도가 아라한을 증득한 실화를 듣고 '그가 했다면 나도 된다'라고 선언했다. 특히 부인의 낭독으로 '사성제, 사념처' 등 생소한 단어를 처음 듣는 동안 전율이 엄습했다.

마지막 도적질에서 칼에 맞아 엄청난 피를 쏟으며 압도적인 공포를 느꼈다.

1960년 9월 6일 동네 사원에서 재가 수행자의 9계를 받고 친척 집 큰 나무 밑에 앉아 들숨날숨을 알아차리는 수식관을 시작했다. '수행만 하면 된다'라는 강력한 믿음으로 코를 스치는 들숨날숨을 관찰했다. 5일이 지나자 크게 좌절하며 고비를 맞았지만 6일째부터 안정되었다. 깨어나서 잠들 때까지 오직 들숨날숨만 알아차렸다. 식사할 때, 물 마실 때, 꼭 필요한 말을 할 때만 바닥과 엉덩이가 닿는 느낌에 마음을 두었다. 걸을 때는 발과 땅이 접촉하는 것에 알아차림을 두었다.

오전 4시~5시 좌선, 오전 5시~5시 30분 아침기도, 오전 5시 30분~6시 아침 죽 공양, 오전 6시~9시 30분 좌선, 오전 9시 30분~10시 점심 공양, 오전 10시~12/1시까지 좌선, 오후 1시 ~2시까지 누워서 휴식하며 알아차림, 오후 2시~5시 좌선, 오후 5시~7시 예불, 오후 7시~12시/1시 좌선

사야도의 일정표를 보면 24시간 중 16시간을 좌선 수행만 하셨

• 미얀마 아라한의 수행 •

다. 지금도 때인구 센터에선 경행 시간을 따로 정하지 않는다. 때인구 수행자들은 최소 3시간 동안 자세를 바꾸지 않고 미동 없이 앉아서 일어나는 고통을 지켜봐야 한다. 고통을 넘겨야 죽음의 고통도 이겨낸다는 말이 있다. 통증, 아픔 등의 느낌을 시작~중간~끝까지 몸이 가루가 될 때까지 지켜본다는 각오로 수행한다. 통증이 참을 수 없이 커지면 의도적으로 거세게 호흡하고, 통증이 줄어들면 평상시 호흡으로 돌아갔다.

큰 나무 밑에서 좌선하는 동안 모기, 파리, 왕개미, 각다귀들이 물고 뜯어 통증이 극심했다. 당시를 아는 제자들은 '벌레들에게 물려 흘린 피로 흰색 수행복이 검붉게 물들었다'고 전한다.

후일 법문하실 때 '도저히 못 견딜 정도가 되면 마음이 통증이 없는 자리로 달려갔다. 호흡에는 통증이 없고, 소리에도 통증이 없다'라고 회상하셨다. 이런 식으로 통증이 없는 자리로 마음을 옮겨갔다, 다시 통증으로 끌려가고, 다시 통증이 없는 자리로 달려가는 마음을 계속 관

> 호흡에는 통증이 없고,
> 소리에도 통증이 없다

찰했다. 극심한 고통을 겪으면서도 알아차림을 놓치지 않았다. 몸에서 일어나는 극심한 통증과 벌레들에게 살이 뜯기는 고통 속에서도 오직 느낌만 알아차렸다.

군건한 믿음과 정진력으로 1960년 9월 11일 낮 12시, 수행을 시작한 지 6일 만에 첫 번째 도, 과를 증득하셨다.

1960년 10월 9일 오전 8시에 두 번째 도, 과를 증득하셨다.

1961년 3월 19일 밤 3시에 변비로 고통받으며 변을 보시던 중에, 세 번째 도, 과를 증득하셨다.

후일 법문하실 때 '언제 어디서나 알아차림을 놓치지 말아야 할 사례'로 자주 소개하셨다. 대부분 좌선 중에 깨달음을 얻는다. 하지만 때가 무르익으면, 장소나 시간을 가리지 않고 어느 순간이든 얻을 수 있다'라고 강조하셨다.

세 번째 과위를 증득해 숙명통이 열리자, 자신의 과거 생을 보셨다. 빠둠뭇따라 부처님(연등불) 시대, 부처가 되기를 처음으로 서원했다. 사부 부처님 시대에는 삼장에 통달한 왕이었다. 하지만 못마땅한 학자들을 탄압해 과보를 지었다. 이를 현생에서 심한 난독증으로 돌려받아 한 글자도 읽을 수 없음을 알게 되었다.

또 이번 생이 끝나면, 아나함이 가는 정거천 5천 중에서 지혜로 가는 아까닛타 범천계에 태어날 것이라며 다음 생도 예견하셨다. 법문 중에 '가야 할 길을 아는 아리야 성자는 죽음을 두려워하지 않는다'라고 말씀하셨다.

수행을 시작하고 일년 만에 세 번째 과위를 증득하셨다. 흰옷을 입은 속인 수행자로 세 가지 도, 과를 증득한 뒤 우욱까타 법명을 받고 비구가 되셨다.

비구로 정진할 당시, 오랜 과거 생에서 친인척의 인연을 맺었던 사람들이 아귀, 범천, 지옥에 있는 모습을 보셨다. 당시 마을을 지키는 천인들과도 소통하셨다. 사야도께서 수식관을 지도하며 아귀들에게 더 나은 세상으로 가라고 권면하신 덕분에 악처를 벗어난 존재들도 많았다고 전한다.

뚠때로 가는 길에 모비 우수라에 있는 본가에 들러 잠시 휴식하던 1962년 6월 7일 오전 8시에 네 번째 과위를 증득하셨다. 1960년 9월 6일 생애 처음으로 수행을 시작한 지 20개월 13일 만에 비구의 본래 임무를 완성하셨다.

하지만 비구들의 여법한 삶과는 너무나 동떨어진 삶의 궤적들 때문에 당시 승단과 사회에선 논란이 분분했다.

1962년 12월 16일, 당대 최고의 학승 딴린또야 사야도의 질문과 점검을 받기 위해 딴린으로 가셨다. 구름 떼처럼 몰려든 군중들 중에서 사야도께서 호수 위를 날아 딴린 사원에 들어가는 광경을 보았다는 증언이 쏟아졌다. 그 후 아라한이라는 믿음이 퍼졌다.

출가 12년 동안 밤낮을 쉬지 않고 전국에서 밀려드는 수많은 사람들을 위해 설법과 수행 지도에 매진하셨다.

60세가 되던 1973년 7월 8일 새벽 4시 45분 입적하셨다.

과거 생에서 때인구 사야도는 부처가 되기를 서원하고, 오랜 겁 동안 바라밀 행을 닦았다. 하지만 수기를 받지 못한 채 중도 하차했고, 바라밀 행을 닦을 때 만난 인연들에게 후일 법을 전할 인연도 지었다고 전한다. 다른 아라한들보다 더 오랜 시간 바라밀 행을 닦았다고도 직접 말씀하셨다.

양곤에서 자동차로 1시간 30분 떨어진 한적한 마을에 있는 때인구 본원 명상센타는 43에이커의 광활한 공간에 300여 채의 수행자 거처가 있다. 사야도께 직접 수행을 지도받았던 제자들이 아직도 수행하며 모여 살고 있다.

우기 결재 3개월은 집중 정진 기간이다. 300명 이상 수행자들이 모여 수식관, 부정관 수행을 한다. 전국에 수백여 개의 분원이 있다. 센타마다 조금씩 다르지만 매달 7일~10일씩 집중수행 코스를 운영한다.

사야도께선 과거 생에 수행을 했던 사람만 이번 생에도 수행을 할 수 있다고 자주 강조하셨다. 수식관을 연마해 '사마디가 생기면 과거 생에 익혔던 수행법이 자연히 드러나니, 그 수행법을 계속 이어가라'고 권장하시곤 했다.

때인구 사야도 수행법

때인구 사야도께서 오온을 관찰해 깨달음을 얻었던 수행법을
말씀하셨다.

뻣뻣함, 통증, 마비, 뜨거움, 차가움
등에 주의를 두지 마라. 그럼 어떻게
알아차리는가? 느낌은 정신의 법이고
그 성품은 '느낀다'이다. 어떤 느낌이
일어나건 느낌, 느낌, 느낌의 성질만 관찰하라. 느낌만 보라. 다른
것에 마음을 두지 마라.

> 느낌만 보라. 다른 것에
> 마음을 두지 마라.

대상을 볼 때 일어나는 느낌, 소리가 들릴 때 그 느낌만 관찰하
라, 냄새가 날 때, 밥을 먹을 때, 접촉할 때, 생각할 때 등, 오직 일어
나는 느낌만 알아차려라. 대상에 끄달리지 마라. 그 무엇이 나타나
건 느낌에만 마음을 두라. 느낌 하나만 알아야 한다.

느낌의 감각이 소멸하고, 소멸되어 가는 느낌을 보라. 그것이 변
하는 고통임을 알아라. 느낌은 내 것이 아니다. 오직 제 성품대로
일어나고 사라질 뿐이다.

> 이는 마음의 전도, 지각의 전도,
> 견해의 전도 때문에 생긴 왜곡이다.

'본다, 듣는다, 냄새 맡는다, 먹는다, 뻣뻣함, 통증, 마비, 뜨거움, 차가움, 생각한다.' 등은 실재가 아니다. 무명에 덮여 없는 것을 있다고 착각한 채 이름을 붙인다. 이는 마음의 전도, 지각의 전도, 견해의 전도 때문에 생긴 왜곡이다. 무명의 어둠에 휩싸인 결과다.

무엇이 나타나건 봄, 들음, 먹음, 접촉, 생각 등을 오직 '느낌'으로 보고 느끼는 성질로만 지각한다면 지혜로 아는 것이다. 사마디가 좋아지면 지혜의 지각(윗짜산냐)이 지혜의 앎(윗짜빤냐)으로 도약해 바르게 꿰뚫어 본다. 뻣뻣한 느낌을 뻣뻣하다고 왜곡하지 말고, 그 느낌만 보라. 느낌을 관찰하면서 무상의 성품, 고통의 성품, 무아의 성품을 알게 된다.

그렇게 수행하여 알아야 할 대상을 모두 삼법인으로 보는 순간, 첫 번째 도 마음에 들어간다.

도 마음에 들면 모든 대상이 오직 느낌으로만 드러난다.

수다원은 물질과 정신의 변화하는 성품을 지혜로써 있는 그대로 보기 때문에 실재를 안다.

사다함에 오르려고 정진하는 수다원은, 강해진 사마디의 빛으로 자신의 몸을 비추어 본다. 시신(부정한 것)을 보게 된다. 지혜의 앎을 얻는다. 강렬한 사마디를 지닌 경우 부정한 것(시신, 32 부정관)을 보기도 한다.

만약 수다원에게 사마디의 빛이 생기지 않을 경우, 수식관을 연마해 사마디를 확립해야 한다. 사마디와 지혜는 두 마리 말이 끄는 마차와 같다. 둘이 보폭을 맞춰 달리고, 끌어야 먼 길을 갈 수 있다. 사마디의 빛으로 자신의 몸을 부정한 것(시신, 32부정관)으로 보면서, 그 부정한 것이 변하는 모습을 통해 무상을 증장시킨다.

하루, 이틀, 사흘, 나흘, 닷새, 엿새, 이레, 여드레, 아흐레… 시간에 따라 시신이 변하는 실태를 관찰하라. 수다원으로 향하는 단계에서는 땅, 물, 바람, 불 사대四大의 변화를 지혜로 보았다. 사다함으로 향하는 수다원은 이미 실재를 보는 지혜를 얻었기 때문에 흙에서 뼈 무더기의 단단한 성품을 볼 수가 있다. 물의 흐르는 성품으로 시신이 부풀어 오르고 피 고름이 흘러내리는 것을 본다. 바람의 밀고 움직이는 성품으로 구더기들이 꿈틀꿈틀 우글거리는 것을 본다. 불의 뜨거운 성품으로 불에 타는 육신을 본다. 이처럼 더러운 육신, 시신의 무상, 고통, 무아, 부정한 성품을 연달아 알아갈 때 사다함 도에 들어선다.

보고 듣고 냄새 맡고 먹고 접촉하고 생각할 때, 범부는 사람, 중생, 나, 타인, 남자, 여자 등으로 안다.

사람, 중생이란 왜곡 전도된 지각으로 안다.

수다원 성자는 사람, 중생, 남자, 여자 등으로 구분하던 왜곡된 지각에서 벗어나 느끼는 성품, 느낌으로만 본다.

흔들림 없는 견고한 수다원 지혜로 대상을 보기 때문에 나, 타인… 등으로 구분하지 않는다.

사다함 성자는 수다원 단계에서 남아 있던 좋은 느낌(수카웨다나)을 벗어난다. 사다함의 강한 사마디로 육신의 실재를 성성하게 보기 때문에 온 세상을 고통으로 인지한다. 고통의 지혜가 생겨난 것이다. (경전에선 '수다원과 사다함은 사악처에 떨어지는 마음을 제거한다'로 표현한다. 반면 때인구 사야도는 부정관을 하셨기 때문에 '좋은 느낌을 벗어난다'로 표현하셨다.)

아나함을 향해 정진하는 사다함은, 부정관을 다시 관하면서 무상, 고통, 무아를 연마한다. 이 과정이 끝날 때 아나함 도에 들어간다. 도에 들면 과 지혜가 일어나고 반조의 지혜가 잇따른다. 좋음, 고통의 느낌마저 벗어난 아나함에겐 평정한 느낌만 계속 일어난다. 생멸을 보는 지혜로 물질과 정신을 보기 때문에 좋다는 지각, 고통의 지각도 제거된다. 평정한 지혜로 도약한 것이다. 아나함은 인간계와 천상계의 부귀나 행복 등 욕계의 욕망은 벗어났다. 하지만, 색계 범천에 대한 애착은 미세하게 남아 있다. 아나함은 매우

• 미얀마 아라한의 수행 •

섬세한 범천계의 행복을 평정함으로 누린다.

아나함은 강력해진 사마디 때문에 형상의 덩어리가 흩어진다. 산, 하늘, 나무, 바위 등 삼라만상을 입자로만 본다. 아라한을 향해 정진하는 아나함은 생멸로 미립자를 관하면서 무상, 고통, 무아를 증진시킨다. 지혜가 무르익으면, 아라한의 도·과, 반조의 지혜가 일어난다.

아라한은 좋은 느낌, 고통의 느낌, 평정한 느낌을 모두 벗어났다. 좋다는 지각, 고통의 지각, 평정한 지각을 모두 제거했다. 무상, 고통, 무아마저 벗어났다. 오직 현재 찰나만 있다.
범부는 대상을 사람, 중생, 나, 타인, 남자, 여자 등의 지각으로 구분하고 아견을 바탕으로 알지만 아라한은 모든 지각을 초월하여 현재를 살 뿐이다.

아견我見이 떨어져 나간 수다원은 대상을 아는 지혜로 본다. 느낌을 느낌 그대로 안다. 아직 좋음은 느끼기 때문에 세상의 부귀를 즐긴다. 하지만 나라는 지각이 없이 아는 지혜로 느낄 뿐이다.
사다함은 좋은 느낌도 벗어났다. 보고 듣고 냄새 맡고 먹고 접촉하고 생각할 때, 고통의 느낌만 일어난다. 좋아하는 지각도 벗어났다. 느낌으로 생멸의 고통을 아는 지혜가 일어났다. ('좋은 느낌도 벗어났다.'란 때인구사야도의 부정관 수행에 기인한 표현인 듯하다. 경전에는 '사악처로 향하는 마음을 제거했다'로 나온다.)

아나함은 좋은 지각과 고통의 지각도 벗어났다. 평정한 느낌만 일어난다. 정신과 물질의 모든 대상이 덩어리가 아닌 입자로 보인다. 입자들이 흩어져 소멸되는 것을 보는 지혜가 일어난다.

아라한에게는 보는 찰나, 듣는 찰나, 냄새 맡는 찰나, 먹는 찰나, 접촉하는 찰나, 생각하는 찰나 등 오직 찰나만 있다. 과거, 미래 등 시간을 벗어났다. 지금 이 순간만 대상이다. 좋은 지각, 고통의 지각, 평정한 지각 모두를 무상, 고, 무아로 제거해 모든 뿌리가 뽑혔다.

첫 번째 도가 일어날 때 사견이 남김없이 제거된다. '나'라는 아견에서 벗어난다. 대상을 느낌으로만 아는 지혜를 얻는다.

'나'라는 원인을 벗어났기 때문에 정신은 원인, 물질은 결과임을 안다. 느낌을 통해 아는 지혜를 얻는다.

상위 세 가지 도道는 속박에서 벗어나는 길이다. 세 가지 도는 거친 갈애, 중간의 갈애, 미세한 갈애를 순차적으로 남김없이 제거한다. 좋은 지각, 고통의 지각, 평정한 지각도 제거한다. 보는 지혜를 얻는다. [부정관을 수행해] 원인을 제거했기 때문에 물질과 정신의

인-과를 안다. 강한 사마디로 보이는 부정함(시신, 32부정관)에서 지혜를 얻는다.

도, 과, 과선정, 멸진정에 관한 때인구 사야도의 가르침

우옹킨 거사! 내가 직접 보고 체험한 진리만 말하겠다.

첫 번째 도와 두 번째 도에 들어가자, 마음이 천지개벽했기 때문에 내가 특별한 지혜를 얻었음을 알게 됐다. 마치 모태 맹인이 개안 수술을 받고 붕대를 풀자, 맹인 때의 추측과는 완전히 다른 세상이 펼쳐진 것을 보는 충격이었다.

'오! 어떻게 이럴 수가 있지…?!' 놀라움을 넘어 경이로웠다. 검정과 흰색의 대비처럼, 지혜를 얻기 전과 후가 확연히 달랐다. 첫 번째 도를 증득하자 모든 대상이 '느낌'의 성품 하나로만 보이고 들렸다. 냄새, 맛, 접촉도 느낌을 통해 알았다. 예전에는 즐거운 느낌, 괴로운 느낌, 무덤덤한 느낌 등으로 알았다. 하지만, 이제는 느끼는 성품 하나로만 대상을 알았다.

어떤 이가 '대상을 느낌으로 본다면 어떻게 여자, 남자, 개, 돼지…등을 구별할 수 있습니까?'라고 물었다.

사야도께서 답하시길, 관념(빤냣띠)과 실재(빠라맛타) 둘을 섞어서 본다. 여자를 볼 때 앞마음은 느낌만 알고 뒷마음은 '오, 여자!'라고 안다. 이처럼 관념과 실재를 섞어서 안다. 듣고, 냄새 맡고, 먹고, 접촉하고, 생각할 때도 마찬가지다. 느낌으로만 인지한다. 도를 증득한 수다원 성자에게는 대상의 느낌만 보인다. 그렇게 보고 알 때 사견을 벗어났다고 말한다.

두 번째 도에 들자, 대상을 볼 때 고통의 느낌만 일어났다. 형상, 소리, 냄새, 맛, 접촉, 생각 등 모든 대상에서 좋아하는 느낌이 사라졌다. 과거에 좋다고 생각했던 모든 것들이 더럽고 부정한 것임을 알게 됐다. 더 이상 좋아하는 느낌이 일어나지 않았다. 오직 고통의 느낌만 계속 일어났다. 부정함으로 보았다. 사다함 도를 얻은 사다함 성자에게는 대상의 부정함, 더러움만 연속적으로 보인다. 부정함을 알기 때문에 갈애를 벗어난다. 만약 부정한 성품을 못 보고 좋은 것만 보인다면 어떻게 갈애가 그칠 수 있겠는가?

두 가지 도를 얻자, 앎이 극적으로 도약했다. 그전까지는 무슨 도, 무슨 과 등 불교 용어를 귀동냥한 적이 없었다. 글도 못 읽는 내가 무슨 수로 그런 관념(빤냣띠)을 알았겠는가!

수행할 때 마비되고, 아프고, 찌르고, 뜨겁고, 차가운 느낌이 일어나도 그것이 생멸인 줄도 몰랐다. 그저 '변하고 바뀌는구나'로 봤

다. 하지만 '변한다, 바뀐다'를 알아차
린 것도 무상을 아는 지혜가 아니겠는
가! 물질의 성품은 '변하고 변질된다'
정신의 성품은 '변하는 대상을 향해

기운다' 등 그런 것이 생멸인 줄도 몰랐다. 그저 '변하고 바뀌는' 성
품, 그것만 보였다.

비유하면 수다원이 지닌 사마디의 힘이 1근이라면, 사다함을 향
해 정진하는 수다원의 사마디는 곱절로 커져 2근 정도가 된다. (사
마디가 커지면 눈을 감아도 솜털, 숨구멍, 머리털, 간, 심장, 쓸개, 심줄, 가래 등
이 보인다) 사마디의 빛이 더 밝아지면 신체 각 부분의 (털, 간, 심장…)
부정함과 더러움만 보인다. 눈을 감고 대상의 부정함을 관할 때도
마치 눈을 뜨고 볼 때처럼, 그 성품이 '변하고 바뀌는' 것이 선명하
게 보였다.

그렇다면 부정한 성품이 어떻게 변하는가? 대상을 관하면 하루
가 지난 상태, 이틀이 지난 상태, 사흘이 지난 상태…아흐레 지난
상태처럼 계속 변하고 변질된다. 몸에서 피, 고름이 흘러 내리고,
구더기들이 바글거리고, 해골만 남고, 불에 타들어 가고, 바람에
흩어진 잿더미가 물에 떠내려가고…등 몸이 계속 변하고 바뀌는
상태가 보인다. 변하는 모습을 통해 '아, 이것이 땅의 성품, 불의 성

품, 바람의 성품, 물의 성품이구나'라고 숙고하면서 무상을 증장시킨다.

아나함을 향해 정진하는 사다함의 사마디는 또 곱절로 커져 4근 정도가 된다. 보는 힘이 더 청정해지고 강렬해진다. 사다함은 연속적으로 보이는 부정관만 수행한다. 반면 아나함은 더 이상 부정관을 하지 않는다. 물질이 덩어리가 아닌 가루(입자)로 보인다. 형상과 물질이 무수한 입자로 생멸하는 것만 보인다. 즉 아나함 도에 들어선 뒤에야 진정한 생멸을 볼 수가 있다.

수다원은 변하고 바뀌는 대상을 '생각(짐작, 추정)하는 지혜'로 안다. 사다함은 '보는 지혜'로 안다. 아나함은 '생멸을 보는 지혜'로 안다. 수 백억 대 헤아릴 수도 없는 입자들이 연이어 생겨나고 파괴되는 것을 볼 수 있고 알 수 있다.

아라한의 강렬한 사마디는 생멸 너머를 본다. 입자의 생멸마저 그친 영역을 꿰뚫는 아라한은 더 이상 관찰할 대상이 없다. 굳이 행할 일도 없다. 수행이 완성된 아라한에게는 보면-보는 찰나, 들리면-듣는 찰나, 냄새가 나면-맡는 찰나, 먹으면-먹는 찰나, 접촉하면-접촉하는 찰나, 생각하면-생각하는 찰나만 있다. 아라한 도에 들면 과거와 미래가 소멸한다. 생성(일어남)이 없다. 오직 지금 이 찰나만 있다. 범부가 사는 세상은 생성이 다스리는 영역이다. 아라한의 세상은 생성에서 벗어나서 생성이 사라진 해탈한 마음이다.

아라한 과위를 증득하여 직접 체득한 법이 '경전과 100% 일치하지 않기 때문에 '선정, 도, 과 등을 얻지 못했다'라고 폄하해선 안 된다. 교학 연구자들이 수행까지 갖추기란 쉬운 일이 아니다. 반면 수행자들은 직접 체험을 통해 교학과 수행을 조화롭게 이룰 수 있다.

5차 경전 결집이 집행되던 민동 왕 시절, 교학에 능통한 띠롱 사야도와 수행자 낀또야 사야도의 일화가 의미심장하다.

두 사람은 동문수학했던 수십 년 지기 도반이었다. 띠롱 사야도는 민동 왕의 국사가 되었고, 낀또야 사야도는 숲에서 정진하여 비구의 일을 완수한 아라한이었다. 낀또야 사야도는 자주 띠롱 사원으로 가서 '바깥 일을 줄이고 수행에 전념하시라'고 권면했다. 특히 출세간의 지혜, 위빠사나, 도, 과, 열반 등에 관해 견해를 피력하곤 했다.

낀또야 사야도가 아라한을 증득한 사실을 몰랐던 띠롱 사야도는, 해박한 경전 지식으로 비교 분석하며 '경전과 주석서에 부합해야 올바른 견해'라며 반박했다. 이에 낀또야 사야도는 '직접 수행해 보면, 경전과 합치되지 않는 부분이 나옵니다. 경전은 출신 배경, 성품, 지식 수준이 다양한 대중들에게 맞추어 일반적인 방법만 설하신 것입니다. 지혜의 수준은 사람에 따라 천양지차입니다. 경전과 합치되지 않았다고 '선정, 도, 과를 얻지 못했다고 단정 지어선 안 됩니다'라고 하였다.

이후 만남에서는 띠롱 사야도의 주장을 듣기만 할 뿐 굳이 의견을 피력하지 않았다. 띠롱 사야도가 '경전이 기준입니다. 경전보다 내 경험을 우위에 두면 안 됩니다'라고 주장하면, 낀또야 사야도는 '직접 체험하지 못한 사람들은 그렇게 말하지요. 수행 지혜로 올바르게 증득했다면, 체험과 경전이 완벽히 일치하지 않아도 허물이 아닙니다'라며 자리에서 일어났다. 평소처럼 배웅하는 띠롱 사야도에게 '벗이여! 부디 견고한 사띠와 지혜로써 치열하게 정진하십시오'라고 축원한 뒤 띠롱 사야도 앞에서 가사를 펄럭이며 하늘로 날아 올랐다. 다음 새벽이 밝기 전, 낀또야 아라한은 열반에 들었다.

열반 소식을 전해 듣고 크게 뉘우친 띠롱 사야도는 모든 소임을 내려놓고 숲으로 가서 정진에 몰두해 곧 아나함 과위를 증득했다. 띠롱 사야도는 위빠사나 수행, 도, 과, 열반 등에 관해 열심히 가르쳤지만, 수많은 요청에도 책이나 글로 남기려 하지 않았다.
띠롱 사야도는 '함께 법담을 나누고 설법하고 수행을 지도할 때는 내가 직접 말하고 보여줄 수 있지만 글로 표현하는 것은 조심스럽다. 만약 논란이 생길 경우, 내가 살아있을 때는 논쟁을 통해 이견을 좁힐 수 있다. 하지만 내가 죽은 뒤에는 다툼의 불씨만 되기 때문에 군이 남기지 않는다'라고 말씀하셨다.

전도된 지각에서 벗어나는 법

오늘은 전도된 지각에서 벗어나는 법을 설명하겠다.

숲에서 들개를 발견한 사냥꾼이 화살을 날렸다. 빗나간 화살이 저만치 떨어지자 들개는 화살을 쫓아가서 물었다. 두 번째 화살도 빗맞았다. 들개는 또 화살을 쫓아가서 물었다. 그 순간 세 번째 화살이 날아가 들개를 꿰뚫었다.

깊은 숲으로 들어간 사냥꾼 앞에 호랑이가 나타났다. 다급한 사냥꾼이 화살을 날렸지만 빗맞았다. 호랑이는 화살을 쫓지 않고 사냥꾼을 덮쳐 죽였다.

들개는 화살이 오는 원인, 사냥꾼을 물지 않고 결과인 화살을 쫓다가 결국 화살에 맞아 죽었다. 원인을 없애지 않고 결과만 쫓았다. 반면 호랑이는 결과인 화살을 쫓지 않고 원인인 사냥꾼을 제거해 다음번 화살이 초래할 위험에서 벗어났다.

부처님께서 '원인을 없애야 결과가 멈춘다, 원인을 제거하는 것

느낌이 갈애로 옮겨붙어 집착을 키우기 때문에 뻣뻣함, 긴장, 마비, 통증 등 강한 집착으로 인식한다.

이 핵심이다'라고 12연기법과 사성제법을 설명하셨다.

수행할 때 '뻣뻣해지고, 긴장되고, 마비되고, 통증이 일어나면 뻣뻣함, 긴장, 마비, 통증이라고 생각하면 안된다. 아프면 대상이 일어나는 느낌만 지켜보라, 뻣뻣함, 긴장, 마비, 통증 등 결과를 보면 안 된다. 부처님께서 느낌을 통해 대상을 보라고 하셨다.

일반인은 느낌을 느낌 자체로 보지 못한다.

지각이 왜곡되고 전도(윕빨라사)되면 느낌이 갈애로 옮겨붙어 집착을 키우기 때문에 뻣뻣함, 긴장, 마비, 통증 등으로 집착한다. 이는 느낌이 아니라 갈애로 옮겨붙은 강한 집착의 결과이기 때문에 진심瞋心을 증폭시킬 뿐이다. 날아오는 화살을 멈추지 못한 들개처럼 죽음을 맞을 것이다.

느낌이 일어나면, 느낌 자체를 보고 알아차릴 뿐 다른 것에 마음을 두지 말라. 활을 당기는 사냥꾼, 주체, 원인을 죽여야 더 이상 화살이 날아오지 않는다. 원인을 찾아 없애야 결과가 안 생긴다. 왜곡-전도(윕빨라사) 시키는 원인을 없애면 뻣뻣함, 긴장, 마비, 통증으로 인식하는 결과가 멈춘다. 느낌이 갈애, 강한 집착으로 옮겨붙지 않는다. 강한 집착이 사라지면 태어나지 않는다. 탄생이 없으면 12연기, 윤회의 바퀴가 멈춘다.

올바른 견해와 사견, 둘만 있다. 견해가 올곧게 서야 바르게 알수 있다. 올바른 견해는 '왜곡-전도'되지 않은 깨끗한 앎이다. 사견은 빨강, 파랑, 노랑, 초록 등 색색으로 물들어 집착이 덕지덕지 들러붙은 '왜곡-전도'된 앎이다.

부처님께서 느낌에는 느끼는 성품만 있다고 하셨다. 그러므로 느낌이 일어나면 그저 느낌만 관찰하라. 생각, 판단, 평가 등을 덧입히지 마라. 느낌만 아는 것이 실재를 보는 것이다. 바른 견해로 알아차리는 수행이다. 바른 견해로 수행하다 죽으면 선善의 마음으로 죽음을 맞이하기

**느낌만 아는 것이
실재를 보는 것이다.**

때문에 사악처에 떨어지지 않는다. 인간이나 천상계에 태어난다.

일어난 느낌 그대로 관찰하지 않고 '왜곡-전도'되어 뻣뻣함, 긴장, 마비, 통증이라고 왜곡하는 것이 사견이다. 사견을 벗지 못하면 뒤늦게 '도와주세요, 구해 주세요' 아무리 발버둥쳐도 결국 사악처에 떨어진다.

느낌이 일어나면 뻣뻣함, 긴장, 마비, 통증 등 사견으로 보지 마라. '느낌, 느낌일 뿐' 등 바른 견해로 관찰하라. 바른 앎이 선처로

인도한다.

뻣뻣함, 긴장, 마비, 통증 등 대상에 끄달리지 않도록 마음을 돌려야 한다. 어떻게? 뻣뻣함이 변하는 느낌을 보라. 긴장이 일으킨 느낌을 보라. 마비되는 그 느낌을 보라, 통증의 느낌을 보라, 갑갑해도 느끼고, 콧물이 떨어지는 것도 느끼고, 뜨거워도 느끼고, 차가움도 느끼고, 가려움도 느끼고, 떨림도 느끼고, 몸이 흔들리는 느낌을 보고, 어지러운 느낌을 보고… 모든 물질이 일어나고 사라지며 변화하는 느낌만 관찰하라. 느낌만 실재다. 느낌에 덧입혀진 지각, 관념(빤냣띠)은 실재가 아니다. 그러니 지각, 관념에 끄달리지 마라. 오직 느낌만 마음에 담아라.

> 지각, 관념에 끄달리지 마라.
> 오직 느낌만 마음에 담아라.

색깔이나 형상이 보일 것이다. '오! 녹색, 노랑, 검정' 등으로 구분하지 마라. 오직 변하는 성질만 관찰하라. 녹색이 나타났다가 사라진다. 노랑이 나타났다가 사라진다. 빨강이 나타났다가 사라진다. 대상이 변하고 사라지는 성질만 관하라. 물, 땅, 숲, 산, 바다를 볼 때도 '물이다, 숲이다, 산이다, 바다다'라고 정하지 마라. 변화하는 성질만 관찰하라. 변하지 않고 항상한 것은 어디에도 없다. 만물은 모두 변한다.

온갖 형상이 나타날 것이다. 부처님, 아라한, 천녀들이 나타난다. '어이쿠, 부처님…!'하며 엎어지지 마라. 부정한 허깨비라고 마음을 바꾸어라. 마음이 만들어낸 허상이 변화하는 것을 관찰하라.

시체를 볼 수도 있다. 하루, 이틀, 사흘, 나흘, 닷새, 엿새, 이레, 여드레, 아흐레, 열흘… 시간이 지나면서 어떻게 변하는지를 관찰하면서 항상한 것은 어디에도 없음을 마음에 새겨라.

사마디가 커지면 몸속이 보이기도 한다. 두개골, 팔뼈, 정강이뼈, 팔뚝뼈 등 보이는 그대로 관찰하라. 그 또한 항상하지 않고 변한다. 변화하는 그 성품을 보라. 이런저런 사람, 다양한 성격, 40가지 수행법… 모든 것을 있는 그대로 관찰해야 한다.

부처님께서 삼라만상이 변하고 바뀌는 찰나멸을 관하는 지혜가 '우다야바야냐나(생멸을 보는 지혜)'라고 하셨다. 실재는 현재, 찰나멸로 일어난다.

사대四大

사대 – 흙, 물, 불, 바람

이 육신은 끊임없이 변하는 사대로 이루어졌다. 물질 더미는 사대가 움직이는 대로 변질된다. 그래서 물질의 성품은 항상하지 않고 변화하는 것이다. 정신은 물질이 변하는 양상을 감지하여 향하고 느낀다.

정신과 물질은 각자의 일을 한다. 동시에 일어나고 함께 소멸한다. 그렇다면 변질되는 물질 더미가 나인가? 대상을 감지하고 느끼는 정신이 나인가? 각자의 일을 하고 있는 물질과 정신의 합이 나인가? 내가 아프다, 내 팔이 저린다, 내 다리가 굳었다, 뻣뻣하다, 덥다, 춥다, 움직인다 등 '나'라는 것이 과연 있는가, 없는가, 올바른가, 그릇된가를 직접 조사해 보라! 물질과 정신을 구분하고 세밀하게 관찰하면 '내'가 없음을 알게 될 것이다. 그때 사견을 벗어났다고 말한다.

관념(빤낫띠)을 대상으로 삼으면 실재(빠라맛타)의 영역으로 들어갈 수 없다. 실재(빠라맛타)는 실체를 보고, 군더더기를 과감하게 버릴 때 드러난다.

비유하면 정신의 실재(빠라맛타)를 관하는 수행자는 세상을 오직 느낌 하나로만 받아들여야 한다.

대상 자체에는 나, 남자, 여자, 개, 돼지 등 관념(빤낫띠)이 없다. 느낌 하나만 있다.

냄새를 맡을 때도 향기롭다, 은은하다, 악취가 난다 등 관념(빤낫띠)이 없다. 느낌 하나만 있다.

소리에도 개 소리, 돼지 소리, 노래 소리, 라디오 소리 등 관념이 없다. 오직 느낌만 있다.

맛에도 맛있다, 시다, 달다, 고소하다 등의 관념이 없다. 오직 느낌으로만 대상을 알아야 한다.

접촉에도 좋다, 나쁘다, 뜨겁다, 차갑다, 움직인다 등 관념은 없다, 느끼는 하나만 있다.

생각에도 좋고 나쁜 탐욕, 성냄 등 관념이 없다, 느낌 하나만 있다.

삼라만상을 '오직 느낌으로만 알 때 열반을 체득할 것이다.

열반으로 이끄는 마음

'범부의 소란은 피하고 성자의 행위를 따르리라'고 마음에 새겨라, 그래야 열반을 증득할 것이다.

두려운 마음 - 고통의 법은 세심하고 꼼꼼하게 숙고해야만 흐릿하게 드러날 뿐이다. 범부는 먹고 사는 일에 탐닉한다. 반면 성자는 이를 원인과 결과에 종속되는 고통으로 알아 두려운 마음을 키운다.

원치 않는 마음 - 범부는 '생로병사' 고통의 뿌리를 경솔하게 반긴다. 성자는 이를 두려워하고 원치 않는 마음을 키워 도道의 칼을 벼린다.

해탈을 원하는 정진의 마음 – 범부는 세상일에 탐닉한다. 성자는 도의 예리한 칼날로 번뇌의 줄을 잘라 탈출하기 위해 정진한다.

해탈한 자리에 머무려는 마음 – 성자는 찰나찰나 드러나는 해탈 자리에서 평온하게 머문다. 반면 범부는 해탈 자리가 있는지도 모른 채 죽는다. 성자는 원인과 결과에 얽매인 조건 지워진 세상을 고통으로 보면서 두려운 마음을 키운다. 성자는 태어나는 고통을 꿰뚫기 위해 도의 칼을 벼린다. 예리한 칼날로 번뇌의 줄을 끊어 해탈하려고 고군분투한다. 해탈한 자리조차 찰나만 누린다. 찰나의 해탈에서 머문다.

레디 사야도의 법통 제자
위빠사나빠라구 사야찌

Ledi Sayadaw

Vipassanaparagu Sayakyi

레디 사야도(1846년~1923년)

1846년 태어날 때 무지개가 지붕 위를 덮고 하늘로 뻗었기 때문에 마웅때까웅이라 불렸다. 10살부터 마을 사원에서 기초 경전을 배웠다. 15살에 사미로 출가하여 20살에 비구계를 수지하였다. 교학에 특출하여 많은 경전 해설서를 집필했다. 5차 경전결집에서 아비담마 까타왓투를 책임지고 점검하셨다. 28살에 산짜웅 사야도가 제기한 20가지 논쟁에 대한 답서로 『빠라미디빠니』를 집필하셨다. 그 외에 『빠라맛타디빠니』등 수많은 저서를 남겼다. 수행에도 매진하여 사마타와 위빠사나를 모두 통달한 아라한에 오르셨다. 선학과 교학을 아우르는 최고의 스승으로 추앙받으셨다.

위빠사나빠라구 사야찌(1891년~1952년)

레디 사야도의 법통 제자이다. 사야찌는 레디 사야도의 65가지 기준을 근간으로 올바른 위빠사나와 그릇된 위빠사나를 구분한 『위빠사나빠라구』를 편찬했다. 본문 내용은 『위빳사나빠라구』에서 간추려 편집했다.

수행 방법을 상세하게 기술한 이 책은 절판돼 오랫동안 전해지지 않다가 유력 장서가의 서재에서 발견됐다.

승단의 원로들과 담마빨라비왐사 등 석학들이 모여 6차 결집의 지침에 따라 면밀하게 점검한 결과 그 가치를 인정받고 2012년 미얀마 종교성에서 재출간되었다.

위빠사나란 '위(특별하게) 빠사나(보다)이다

범부의 시각이 아니라 현재 찰나의 생멸하는 물질과 정신을 관찰해 무상, 고, 무아를 아는 관법이다. 물질과 정신을 능숙하게 관찰할 때 지혜가 성숙한다. 위빠사나에는 16단계 지혜가 나뉜다. 첫 단계 '물질과 정신이 구분되는 지혜(나마루빠빠릿체다)'를 시작으로 '출세간의 법에 순응하는 지혜(아누로마냐나)'까지 16단계로 나뉜다.

통찰력이 깊은 사람은 위빠사나 지혜가 빠르게 자란다. 반면 통찰이 부족한 사람은 다소 더디게 성장한다. 개인에 따라 차이가 크다. 간절히 염원한다고 위빠사나 지혜가 껑충뛰는 건 아니다. 바른 마음가짐으로 현재 찰나를 탐색하고 숙고하여 정진력과 사마디가 균형을 이룰 때 차츰 상위 지혜로 성장해 갈 수 있다.

통찰지가 높은 사람은 한 번에 여러 단계를 뛰어넘는다. 따라서 16단계의 궤적이 뚜렷하게 구분되지 않는다. 반면 통찰지가 다소 부족한 사람은 차근차근 밟아 올라가기 때문에 지혜가 성장하는 궤적이 명료하게 드러나 위빠사나 지혜의 1~16단계를 정확하게 볼 수 있다. 빠르고 느린 개인 차이는 있지만 도·과의 도달점은 동일하다.

위빠사나의 관법은 같다. 하지만 위빠사나의 대상은 사람마다 각기 다르다. 빠라맛타(實在의 법)은 변화한다. 마음이 찰나의 대상을 향하고 지각하는 성질은 하나다. 하지만 대상이 되는 물질과 정신은 수만 수억 가지다. 대상을 압축하면 오온, 12입처, 18계다. 물론 오온, 12입처, 18

위빠사나의 대상은
사람마다 각기 다르다.

계를 한 번에 모두 관찰하는 건 아니다. 자신이 원하는 대상을 선택하고 자신의 지혜가 닿는 범위에서 선택하면 된다. 그래서 대상은 사람마다 같을 수가 없다. 예를 들면, 과거 생부터 익혔던 대상이라면 현생에서도 쉽고 빠르게 익숙해질 수 있다.

　대상은 오온, 12입처, 18계 등 다양한 명칭으로 부를 수 있다. 하지만 근본은 물질과 정신이다. 물질은 '물질의 더미色蘊', 정신은 '정신의 더미'로도 부른다. 물질은 선명한 물질과 의지하는 물질로 나뉜다. 선명한 물질이란 땅, 물, 불, 바람 등 사대四大이다. 땅(부드럽고 딱딱한 성품), 물(응집하고 흐르는 성품), 불(뜨겁고 차가운 성품), 바람(지탱하고 밀고 움직이는 성품) 등이다. 경전에선 물을 '접촉하여 인지할 수 없는 성품'으로 설명하기 때문에 (물을 제외한) 땅, 불, 바람의 성품만 위빠사나의 대상으로 삼는다.

　의지하는 물질이란 형상, 소리, 냄새, 맛, 촉감이다. 접촉에는 외부 대상과의 접촉, 내부 원인(업, 마음, 기온, 양분)과의 접촉 등 둘이 있다. 선명한 물질은 외부, 내부의 닿음으로 관할 수 있다.

위빠사나는 눈에 보이는 형상이 생멸하는 것을 관찰한다. 귀로 소리를 들을 때, 코로 냄새를 맡을 때, 혀로 맛을 느낄 때, 몸으로 접촉을 느낄 때마다 대상이 생멸하는 모습을 관찰해 무상의 법을 알아차리는 관법이다.

정신은 느낌受蘊, 지각想蘊, 형성력行蘊, 의식識蘊이다. 모두 분명하게 인지할 수 있기 때문에 위빠사나의 대상이 된다. 만약 생멸을 관하지 못한다면 관념(빤냣띠)이 될 뿐이다.

도·과를 증득한 성자들이 선택한 대상은 각자의 개성만큼 다양하다. 예를 들면, 떨어지는 나뭇잎을 관찰하다가, 냄비에서 끓는 음식을 응시하다가, 악행을 참회하다가, 업과 업의 결과를 경청하다가, 삼보의 공덕을 흠모하다가 도·과를 성취하는 분도 있었다.

고디까 존자는 칼에 목이 찔려 숨이 넘어가는 것을 관하면서, 띳사 존자는 돌로 허벅지를 내리쳐 뼈가 부러지는 것을 관하면서 도·과를 성취하였다. 호랑이에게 잡아 먹히는 순간을 관하면서, 유혹하는 미녀의 치아를 관하면서, 아름다운 무희가 노래하고 춤추는 모습을 관하다가 도·과에 이른 분도 있었다. 또 흰 옷감에 손을 닦다가, 32부정관을 암송하다가, 몸을 관하다가, 과거를 참회하다가, 삼법인을 듣다가, 걷다가, 먹고 마시다가, 행주좌와를 관하다가 등등 다양한 대상들을 관찰하며 도·과에 이르렀다.

대상이 아무리 많아도 요약하면 오온, 12입처, 18계이다. 더 요약하면 물질과 정신이다. 올바른 마음가짐으로 관하면 삼라만상이 위빠사나의 대상이다. 따라서 사성제를 벗어난 법은 없다. 부처님께서 위빠사나 수행에서 벗어난 법은 없다고 말씀하셨다. 왜 그렇게 말씀하셨을까?

물질과 정신의 생성, 소멸을 보고 고통의 진리를 확실히 알 때 사성제를 깨닫기 때문에 고통의 진리를 관해야 한다. 위빠사나 수행에서 대상은 실재(빠라맛타)하는 물질과 정신이다. 물질과 정신은 세상에 존재하는 모든 것이다.

위순디막가에서 '실재는 정신과 물질, 둘뿐이다. 정신과 물질이 아닌 것은 결코 없다'라고 설명한다.

위순디막가의 주석서에 따르면 '이 세상에서 수행을 벗어난, 위빠사나 대상에서 벗어난, 사성제에서 벗어난 대상은 없다'고 한다. 올바른 마음가짐으로 관찰한다면 세상 만물이 수행의 대상이다. 이를 명심하고 원하는 대상을 선택하여 수행에 정진하면 된다.

생멸을 볼 수 없다면 실재(빠라맛타)가 아닌, 관념(빤냣띠)에 빠진 것이다. 마치 실재와 관념을 흑색과 백색처럼 뚜렷하게 구분되는 건 아니다. 잔디밭의 잡초를 솎아내듯, 관념이 뽑아지는 건 아니다. 실재하는 물질을 바탕으로 관념이 생기기 때문이다. 위빠사나 수

**관념을 대상으로 삼거나
주목하면 안 된다.**

행자는 관념(빤낫띠)을 제거하고 실재
(빠라맛타)의 성질과 작용에 집중해야
한다. 관념을 대상으로 삼거나 주목
하면 안 된다. 오직 실재하는 대상에
주목해야 한다. 실재 대상만을 인정하고서 관해야 한다.

레디 사야도께서 실재(빠라맛타)를 마술에 비유하셨다. 속임수
를 못 알아챌 때 마술은 신기하고 어렵다. 하지만 알고 보면 허무
할 만큼 쉽다. 이처럼 실재(빠라맛타)도 모를 때는 무척 생소하고 난
해하다. 하지만 스승의 인도를 받으면 익숙해질 것이다. 우리들은
매일 실재와 마주한다. 하지만 대부분 의식하지 못한 채 살아간다.
세상에서 실재하는 법(빠라맛타), 물질과 정신을 제거하면 아무것도
남지 않는다. 실재를 제거하면 관념 또한 설 자리를 잃는다.

경전에 따르면, 세상의 모든 대상을 요약하면 물질과 정신이다.
물질과 정신 중에서 위빠사나의 대상은 오온, 12입처, 18계이다. 우
리들은 오온, 12입처, 18계를 매일 마주하고 살고 있다. 사악처 중
생들도 오온, 12입처, 18계를 벗어날 수 없다. 내 몸과 마음에서 일
어나는 오온, 12입처, 18계를 매일 보고, 듣고, 냄새 맡고, 맛보고,
접촉하고, 인식 하면서도 그것이 오온, 12입처, 18계인 줄은 모른
채로 살고 있다.

· 미얀마 아라한의 수행 ·

뽀틸라와 담마락키다 존자처럼, 관념에 사로잡히면 실재를 알수 없다. 뭔가를 보태도 안 된다. 실재보다 더 나아가서도 안된다. 더한다면 관념(빤냣띠)이 된다. 관념에 빠지지 않도록 인도하는 스승이 중요하다. 처음에는 오온, 12입처, 18계를 관하는 능력이 부족해 관념과 뒤섞곤 한다.

뭔가를 보태도 안 된다. 실재보다 더 나아가서는 안된다. 더한다면 관념(빤냣띠)이 된다.

대상이 많으면 모호해진다. 모호한 상태로는 지혜가 자랄 수 없다. 손바닥에 올린 선명한 루비처럼, 실재(빠라맛타)의 본질을 순수한 본질로 알 때 청정한 지혜가 쑥쑥 자란다. 지혜는 수행자의 정진력과 바라밀을 바탕으로 지혜가 자란다. 스승은 보는 방법만 귀띔해 줄 뿐이다.

바라밀이 많아도 노력이 부족하면 이루기 어렵다. 치열하게 노력해도 바라밀이 부족하면 시간이 오래 걸린다. 노력과 바라밀이 무르익을 때 열매를 얻는다. 대상을 제대로 관찰할 때 실재를 볼 수 있다. 관법에 익숙해지면 더 많이 보인다. 능숙해지면 원할 때마다 실재를 관할 수 있다. 하지만 실재를 모르면 아무리 보려 해도 보이지 않는다.

수행자는 실재(빠라맛타)하는 대상을 보는 힘을 길러 무상, 고, 무아의 법이 분명히 드러나게 하기 위해 위빠사나를 수행한다.

위숟디막가에선 '나야위빠사나(방법위빠사나)'와 마하위빠사나(큰 위빠사나)'를 구분한다. 방법 위빠사나는 '깔라빠삼마사나(묶음에 대한 숙고)'라고도 한다. 방법 위빠사나는 경전에서 들은 대로 숙고하고 분석하는 방법이다. 세상에는 물질과 정신 외에 다른 것은 없다. 인간, 천인, 범천, 사악처 중생들(지옥, 축생, 아귀, 아수라) 모두 물질과 정신이다. 숲, 산, 물, 땅, 건물, 집, 나무 등도 물질이다.

물질과 정신은 영원하지 않다. 때가 되면 생겨나고 때가 되면 파괴된다. 소멸할 때가 되면 소멸하고, 떨어질 때가 되면 떨어진다. 시작을 알 수 없는 윤회의 처음에서 지금까지, 이 생에서 다음 생으로 옮겨가며 생겨나고 소멸한다. 아기 때의 몸은 지금 내겐 없다. 봄에 싹을 틔웠던 잎은 가을이 되면 떨어진다. 다음 봄이 오면 또 새싹이 피어난다. 이처럼 모든 생명은 조건에 따라 생겨나고 소멸한다.

태어나서 늙고 병들어 죽는다. 근심에 겨워 울고, 가슴을 치는 고통 속에서 살아간다. 늙지도 병들지도 않고 영생하고 싶다. 하지만 내 뜻대로 될 리가 없다. '무상(항상하지 않다), 고(괴롭다), 무아(내가 아니다)의 진리를 내가 지배할 순 없다.' 그저 지혜가 닿는 만큼 숙고하고, 믿음으로 숙고할 뿐이다. 경전에 대한 이해가 깊고, 견문이 넓을수록 마음에 또렷이 새겨질 것이다.

어떤 이는 이렇게 숙고할 수 있다. '나, 타인, 남자, 여자, 고양이, 호랑이, 짧고 긴 형태, 희고 붉고 파란 등, 생명이 있고 없는 모든 것들의 실재(빠라맛타)는 땅, 물, 불, 바람, 색상, 냄새, 맛, 양분으로 이루어졌구나! 생각하고 아는 것이 정신이구나! 삼라만상은 물질이 모여 이루어진 덩어리구나!'등 경전을 바탕으로 숙고할 수 있다.

또 어떤 이는 제 몸을 관하면서 '이 몸은 나, 타인, 남자, 여자가 아니다. 32가지 크고 작은 집합일 뿐이다'라고 숙고할 수 있다.

또 어떤 이는 몸을 통해 지수화풍 사대四大를 숙고할 수도 있다. 부드럽고 딱딱하고, 섬세하고 거칠고, 뜨겁고 차갑고, 뻣뻣하고 움직이는 성품을 본다. '사대만이 실재다'라고 아는 마음에 새기면서 관한다. 알아차림에 익숙해지면 몸 덩어리의 관념(빤낫띠)을 벗어나 사대만이 실재(빠라맛타)라는 확신이 생긴다.

저마다의 역량만큼 숙고하고, 믿고, 마음에 새기면서 점차 '나'라는 관념의 틀을 깨고 물질과 정신이 보일 것이다. 무상, 고, 무아를 안다고 착각하면 안된다. 이 정도의 앎으로 자신의 수행을 과대평가해 이미 수다원에 도달했다는 사람도 있다. 반면 스스로 점검하여 착각미몽에서 벗어나는 이도 있다.

자신의 역량만큼 숙고하고 점검하여 유신견에 대한 집착을 벗어야 한다. 관념(빤낫띠)과 실재(빠라맛타)를 뒤섞으면 안 된다. 관념이 무엇이고, 실재가 무엇인지 구분해야 한다. 각자의 역량만큼 관하고, 교학을 바탕으로 각자의 역량으로 관하기 때문에 '방법 위빠사나(나야위빠사나)'이다.

범부는 더미, 관념(명칭), 형상, 연속성 등 관념(빤낫띠)을 대상으로 살아왔다. 관념으로 실재(빠라맛타)를 분석하는 것은 시작부터 잘못됐다. 특히 '관념에 실재가 들어있고, 실재에도 관념이 있다'며 관념과 실재를 뒤섞는 것도 오류다. 실재(빠라맛타) 위빠사나가 될 수 없다. 실재 위빠사나에는 관념이 한 톨도 들어갈 수 없다. 관념에서 완벽하게 벗어나지 못하면 실재하는 진리를 볼 수가 없다. '나'라는 유신견'에 묶여있는 상태이다. 유신견을 벗지 못하면 절대로 도·과에 들 수 없다. 유신견을 제거하려면 (관념이 섞이지 않은) 현재 실재만 관찰해야 한다.

'관념에 실재가 들어있고, 실재에도 관념이 있다'며 관념과 실재를 뒤섞는 것도 오류다. 실재 위빠사나(빠라맛타)가 될 수 없다.

관념(빤낫띠)과 실재(빠라맛타)는 우유와 물을 분리하는 것만큼이나 어렵다.

관념(빤낫띠)과 실재(빠라맛타)를 구분하는 것은 우유와 물을 분리하는 것만큼이나 어렵다. 칼로 두부를 자르듯 관념과 실재를 끊어내는 게 아니라, 주요 성분을 하나, 하나 구분하여 나누는 것이다. 근본만 실재다. 실재가 모인 형상(크고, 작

• 미얀마 아라한의 수행 •

고, 길고, 입체, 사람, 천인, 나무, 숲, 산 등)에 명칭을 붙이면 관념(빤냣띠)이 된다. 형상은 관념이다. 하지만 실재(빠라맛타)가 모여 형성된다.

눈이 실재를 보지 못한 채 덩어리진 형상으로 본다. 형상의 관념에 묶인 범부의 마음에는 '나라는-유신견'이 굳건하다. 덩어리나 형상이 섞이지 않을 때 물질이 실재(빠라맛타)가 된다. 형상의 껍데기를 벗은 것이 실재다. 형상에 끄달리지 않고 보기는 쉬운 게 아니다. '소멸하는 지혜-방가냐나'에 도달한 사람만 그렇게 볼 수 있다.

'찰나 생멸' 지혜가 있어야 관념과 실재를 분리할 수 있다.

사람을 보면서 '중생, 사람이 아니다'라고 생각했다고 관념(빤냣띠)을 벗었다고 할 수는 없다. 액체인 우유에는 물의 성질이 내포되어 있다. 우유에서 물과 젖을 분리한다고 가정해 보자. 손으로 둘로 쪼갤 수 없다. 천으로 걸러도 안 된다. 마음으로도 나눌 수 없다. 하지만 레몬을 짜 넣은 뒤 응고된 부분을 들어내면 물만 남는다. 레몬은 우유와

'더미, 연속성, 형상'을 제거해 실재를 드러낸다.

물을 분리시키는 매개체다. '찰나 생멸' 지혜가 있어야 관념과 실재를 분리할 수 있다. 지혜가 관념을 만드는 주체 '더미, 연속성, 형상'을 제거해 실재를 드러낸다. 이 지혜를 키우려고 현재 찰나의 생멸

을 관찰하는 것이다.

올바른 방법으로 무수히 반복 관찰하면 관념(빤냣띠)인 '형상, 더미, 연속성'이 서서히 제거된다. 현재 실재(빠라맛타)인 찰나 생멸만 관찰하여 증장시키면 마하 위빠사나가 된다.

부처님께선 눈을 1번 깜박이는 동안 물질이 500만 번 이상, 마음이 1000만 번 이상 바뀌는 실태를 구분해서 보셨다. 아라한은 부처님처럼 많이 구분하지 못하지만, 헤아릴 수 없는 무수한 생멸을 볼 수 있다. 참된 수행자라면, 눈을 1번 깜박이는 동안 양철 지붕을 두드리는 무수한 빗방울을 숫자만큼 알아차리려고 노력해야 한다. 다만 머리카락이 몇 가닥인지, 솜털이 몇 개인지 완벽하게 구분하여 헤아리는 것은 부처님의 일체지로만 가능하다.

지금, 이 순간을 알아차릴 수 있다면 덩어리진 연속성이 끊어지는 찰나를 볼 수 있다.

범부들은 팔의 솜털을 보면서 동시에 발에 난 털을 볼 수 없다. 가슴 털을 보면서 등에 난 털을 볼 수도 없다. 반면 부처님은 온몸의 털을 동시에 낱낱이 보실 수 있다. '찰나'의 길이는 똑같다. 하지만 수행자의 찰나, 아라한의 찰나, 부처님의 찰나는 품질에서 천양지차다. 코끼리의 한 걸음, 사람의 한 걸음, 개미의 한 걸음도 마찬가지다. 마치 물거품, 신기루처럼 사라지는 지금, 이 순간을 알아차릴 수 있다면 덩어리진 연속성이 끊어지는 찰나를 볼 수 있다. 그런 수행자에게 죽음의 사자는 다가오지 못한다.

아비담마에 통달한 학자는 학문으로 관념(빤낫띠)과 실재(빠라맛타)를 일목요연하게 비교할 수 있다. 하지만 수행을 통해 대상에서 관념을 제거하고 실재만 관찰하기는 어렵다. 관념과 실재를 뒤섞어 관념 안에 실재가 내포된 것처럼 착각할 수 있다. 마하 위빠사나 지혜를 아무리 총명한 아비담마 학자라도 얻기가 어렵다. 관념과 실재를 분리하는 방법을 모르기 때문이다. 관념과 실재를 구분하지 못하면 교학을 의지하여 잘못된 판단을 한다.

형상에 따라 사람, 소, 자동차, 나무 등으로 구분하고 교학에 의거해 형상色, 물질일 뿐이라고 말할 순 있다. 하지만 사람을 형상으로 보는 순간, 이미 관념이 들어있다. 형상色을 실제라고 우긴다고 실재(빠라맛타)가 되겠는가? 실재를 보면서 동시에 형상으로 볼 순 없다. 찰나 생멸이 되어 소멸되어야 한다. 사람, 소, 자동차, 나무를 보는 순간이 조금만 지속된다면 이미 관념으로 대상을 보는 것이다.

혹자는 경전에 형상色이 실재(빠라맛타)라고 적혀있다고 항변한다. 하지만 경전에는 형상色만 실재라고 하셨다. 덩어리로 연속되는 형상을 실재(빠라맛타)라고 하지 않았다. 형상 실재(빠라맛타)가 되려면, 형상色이 선명하게 보이기도 전에 완전히 소멸해야 한다. 보이자마자 사라져야 한다. 듣고, 냄새 맡고, 맛보고, 접촉하고, 생각할 때도 마찬가지다. 찰나만 있어야 한다. 그래야 부처님께서 설하신 빠라맛타 실재가 될 수 있다.

우리는 사대四大의 실재(빠라맛타)와 관념(빤낫띠)에 의지하여 수행을 한다. 사대四大를 관찰하면서 '부드러움, 거침, 매끄러움, 딱딱함, 연약함, 유연함, 뜨거움, 차가움, 따뜻함, 움직임(이동) 등을 본다. 아, 저것이 땅, 물, 불, 바람-사대四大-의 성품이구나! 몸에는 사대四大의 성질만 있구나! 지수화풍의 성품이 모여 몸이 되는구나!' 등으로 마음에 둔다면, 물질의 이름을 구분하는 수준에 불과하다. 결코 마하 위빠사나가 아니다.

나라는 사견(유신견), 자아라는 사견(아견)이 반복해서 일어난다. 관념(빤낫띠) 속에 실재(빠라맛타)가 있다고 착각하기 때문에 '나'라는 관념을 움켜쥐고 있다.

아라한 담마딘나 비구니께선 '관념의 나'와 '실재의 물질과 정신'을 뒤섞기 때문에 유신견이 된다'라고 지적하셨다.

진리를 모르는 범부들은,

1. 물질色을 나라고 여긴다. 물질의 더미를 나라고, 내게 물질

이 있고, 물질에 내가 있다고 착각한다.

2. 느낌受을 나라고 여긴다. 느낌의 더미를 나라고, 내게 느낌
   이 있고, 느낌에 내가 있다고 착각한다.

3. 지각想을 나라고 여긴다. 지각의 더미를 나라고, 내게 지각
   이 있고, 지각에 내가 있다고 착각한다.

4. 행行을 나라고 여긴다. 행의 더미를 나라고, 내게 행이 있
   고, 행에 내가 있다고 착각한다.

5. 의식識을 나라고 여긴다. 의식의 더미를 나라고, 내게 의식
   이 있고, 의식에 내가 있다고 착각한다.

반면 수행자는 실재(빠라맛타)를 보기 위해 사대四大(지수화풍)를 관찰한다. 육문으로 외부 관념(빤낫띠)을 대상으로 받아들여, '나'라고 착각하기 때문에 '나'라는 관념을 벗지 못한 채 오히려 증폭만 시킨다. 아비담마에 통달한 학자라도 물질과 정신의 실재(빠라맛타) 생멸을 마하 위빠사나로 관찰하기란 쉬운 일이 아니다.

> 육문으로 외부 관념(빤낫띠)을 대상으로 받아들여, '나'라고 착각하기 때문에 '나'라는 관념을 벗지 못한 채 오히려 증폭만 시킨다.

'내게는 실재(빠라맛타), 실재하는 성질(빠라맛타)만 있다'는 생각만으로는 '나'라는 유신견'을 벗지 못한 상태다. 따라서 계속 유신견을 일으키고 증폭시킨다. 다만, 실재를 모른다 해도 진심으로 '내

가 아니다, 내 몸이 아니다, 물질과 정신일 뿐이다'는 믿음으로 죽음을 맞이하면 선처에 태어난다. 만약 믿음이 감퇴한 상태라면 선처에 갈 수 없다. 다른 선업들이 도와야만 선처에 갈 수 있다.

궁리하는 지혜와 믿음을 지닌 경우, 미래의 어떤 생에서 위빠사나와 연관된 말만 듣고도 도·과·열반을 성취했던 선례가 많다. 오백 박쥐가 좋은 예다. 동굴에 살던 500마리 박쥐 떼는 같은 동굴에서 수행하던 비구들의 사념처 암송을 귀가 닳도록 들었다. 그 인연으로 다음 생에서 사리불 존자의 법문을 듣자마자 모두 아라한을 증득했다. 진짜 위빠사나를 찾으려고 노력해야 하지만, 실재(빠라맛타)를 궁리하는 지혜로 현생에서 성자는 못되지만 후일을 기약할 순 있다.

왜 위빠사나를 수행하는가?

물질과 정신의 성품을 관찰해 '생겨난 것은 소멸한다'는 진리를 바로 이 순간 알아차리기 위해 수행한다.

'생겨나는 모든 것은 파괴되는구나!'라고 있는 그대로 보면 사람, 중생이란 없다. 조건에 따라 각자의 성질[작용]이 연이어 생겨나는구나. 생겨난 것들은 소멸하고 사라지는구나. 한 찰나도 머물거나 멈추지 않기 때문에 항상하지 않구나!

항상하지 않고 변하는 성품(실재)만을 보게 되면 안심할 수 없고 두려워진다. 위험, 두려움에서 벗어나고 싶다. 끝없이 소멸하고 사라지는 성품에는 사람, 중생, 나라고 여길 만큼 견고한 본체가 없다. 물질 더미를 들여다보면 미세한 입자뿐이다. 액체, 고체, 물질, 형상이란 어디에도 없고 오직 성품뿐이구나! 이것 역시 제 일을 마치면 소멸되어 흔적조차 없어지는구나!라고 있는 그대로 알 때 진정한 믿음이 자라난다.

경전에 능통한 사람도 며칠, 몇 달, 몇 년에 걸쳐 노력해야 이룰 수 있다. 글자로만 법을 아는 사람은 이번 생에서 도달할 수 없다. 다만, 벽지불이 될 사람은 참회하는 마음만 일으켜도 성취할 수 있다.

바라밀이 무르익은 사람은 부처님의 공덕만 떠올려도 이룰 수 있다. 수식관으로, 부정관으로, 32부정관을 암송만 해도 이룰 수 있다. 물질, 정신이라는 말을 들은 적도 없는데, 과거의 바라밀 덕분에 사마디가 있다면 금방 실재를 볼 수 있다. 이와 관련된 많은 일화가 있다. 결론은 그 사람의 바라밀에 달렸다. 하나하나씩 오랜 시간에 걸쳐 일어나기도 한다. 한순간 드러나기도 한다. 저마다의 바라밀에 따라 자신에게 적합한 도·과를 증득한다.

'생겨난 모든 것은 반드시 소멸한다'고 바르게 알라. 비구들이여!

이처럼 아는 비구들에게 청정한 눈이 생겨날 것이다.

생겨난 것은 소멸할 뿐임을 진실로 안다면 열반을 볼 수 있다. 실재의 생멸을 명확하게 본다면 최소 수다원이 될 수 있다.

마하 위빠사나의 대상은?

오온, 12입처, 18계 중에서 과거와 미래를 대상으로 삼지 마라. 현재의 대상들이 일어나고 소멸하는 것만 관찰하라. 대상의 생성과 소멸을 꾸준히 관찰하면 사마디가 생긴다. 사마디가 뒷받침되면 대상이 선명하게 보인다. 물질과 정신이 조건 안에서 계속 생멸하는 것을 볼 수 있다. 생과 멸 두 가지만 연속해서 관찰하는 것이 숙련된 지혜 수행이다. 숙련된 지혜를 얻은 뒤에야 '견문과 궁리로 아는 것'과는 얼마나 다른 경지인지 비로소 실감할 것이다.

> 생과 멸 두 가지만 연속해서 관찰하는 것이 숙련된 지혜 수행이다.

숙련된 지혜로 물질과 정신의 찰나 무상을 관찰하는 것이, 관념(빤낫띠)이 섞이지 않고 실재(빠라맛타)를 보는 마하 위빠사나다. 마하 위빠사나로 관찰해야 지혜가 도약한다. 구더기가 우글거리는 똥통에 빠진 숫코끼리의 발부둥처럼, 생멸을 혐오하는 지혜로 전력투구해야 도·과를 이룰 수 있다.

형상, 소리, 냄새, 맛, 접촉은 빠라맛타(실재)다. 그러나 일상에서 보는 형상 그대로는 빠라맛타(실재)가 될 수 없다. 경전에는 눈 의식(眼識)이 형상을 본다고 설명한다. 우리의 눈은 형상을 있는 그대로 보지 못한다. 흰색, 빨강, 노랑, 아름답다, 예쁘다, 추하다, 사랑스럽다, 싫다, 크다, 작다, 짧다, 길다, 사람, 물소, 소, 마차, 코끼리, 말 등으로 관념을 덧입혀서 본다.

이는 형상 실재(빠라맛타)가 아니다. 덩어리, 명칭, 형상, 연속성이 섞이면 관념(빤냣띠)이 복잡해진다. 들리는 소리는 실재(빠라맛타)다. 하지만 우리는 소리에서 멈추지 못하고, 사람 소리, 자동차 소리, 까마귀 소리, 개 소리 등으로 관념(빤냣띠)을 덧입혀서 듣는다. 냄새, 맛, 촉감도 마찬가지다.

> 덩어리, 명칭, 형상, 연속성 등이 섞이면 관념(빤냣띠)이 복잡해진다.

실재(빠라맛타) 대상에서 멈추지 않고 관념(빤냣띠)을 섞어 버린다. 견문과 궁리로 오온, 12입처, 18계의 실재(빠라맛타)를 숙고하는 수행자는 관념으로 빠진다. 아무리 형상, 소리… 등에 마음을 붙들어 매어도 대상을 '더미, 관념, 형상, 연속성'으로 취하기 때문에 사람, 중생, 사물 등 관념(빤냣띠)이 된다. 관념(빤냣띠)을 벗어나지 못하면 실재(빠라맛타) 대상이 될 수 없다. 관념에 사견이 붙으면 '자아', '내'가 견고해진다.

관념(빤냣띠)에 뒤엉키지 않고 실재(빠라맛타)만 볼 수 있어야 진정한 위빠사나가 된다. 관념을 벗어나 실재(빠라맛타) 대상만 관찰하면, 보는 그 순간, 듣는 그 순간만 있어야 한다. 냄새 맡고, 맛보고, 접촉하고, 생각할 때도 지금 이 순간만 있어야 한다. 현재 그 순간만, 찰나찰나를 구분해서 관찰할 때만 관념(빤냣띠)이 들어올 수 없다. 더미, 형상, 연속성이 보태지면 관념에 오염된 상태다. 관념이 설 자리를 잃어야 번뇌가 못 일어난다. 번뇌 없이 정진할 때만 도·과·열반에 도달한다. 관념(빤냣띠)을 뿌리 뽑고 실재(빠라맛타)만 관찰하는 것이 올바른 마하 위빠사나 수행이다.

> 관념을 벗어나 실재(빠라맛타) 대상만 관찰하면 보는 그 순간, 듣는 그 순간만 있어야 한다.

사무띠삿짜(관념적 진리)와 빠라맛타삿짜(실재하는 진리)

관념적 진리란 세상에서 부르는 이름이다. 모든 생명체에는 자칭, 타칭 이름들이 있다. 사람, 천인, 범천, 중생, 어머니, 아버지, 친척, 왕, 왕비, 귀족, 하인, 동물, 천민, 소, 말, 코끼리, 나무, 숲, 산 등으로 불린다. 사회가 정한 대로 여기고 믿는다. 무생물도 마찬가지다. 명칭을 붙여 지정한 관념(빤냣띠)이기 때문에 '사무띠삿짜-관념적 진리'라 부른다.

> 더미, 형상, 연속성이 보태지면 관념에 오염된 상태다.

• 미얀마 아라한의 수행 •

빠라맛타삿짜-실재하는 진리

실재(빠라맛타) 진리란 조건에 따라 매순간 생멸하는 물질과 정신, 즉 명백한 실재(빠라맛타)를 말한다. 실재는 '더미, 관념, 형상, 연속성'의 상태가 아니다. 움직이는 속도는 엄청나다. 눈을 1번 깜박이는 동안 물질은 500만 번 이상, 마음은 1,000만 번 이상 생멸한다. 조건에 따라 물

> 실재는 '더미, 관념, 형상, 연속성'의 상태가 아니다.

질과 정신이 생멸하는 것은 자연의 법칙이기 때문에 '빠라맛타-실재'라 부른다. 조건을 제공하는 원인이 완전히 제거되면 생멸을 벗어난 열반이 드러난다. 세상에는 (조건의 법에 지배되는) 물질과 정신의 법, (조건에서 벗어난) 열반의 법, 둘만 존재한다. 이것이 '빠라맛타삿짜-실재하는 진리'다.

> 조건에 따라 물질과 정신이 생멸하는 것은 자연법칙이기 때문에 '빠라맛타-실재'라 부른다.

사무띠아닛짜(관념적 무상)와 빠라맛타아닛짜(실재하는 무상)

관념적 무상이란? 한정된 영역에 존재하는 사람, 중생, 사물 등 관념(빤냣띠)은 소멸되고, 항상할 수 없는 무상이다. 사람이 죽는다, 열반에 든다, 건물이 파괴되었다. 그릇이 깨졌다. 나무가 부러졌다, 집이 불타 잿더미가 되었다. 나뭇잎이 떨어진다 등의 관념(빤냣띠)

은 파괴되고, 변하는 모든 것이다. 관념적 무상이란 인간, 천인, 범천, 중생, 지옥, 축생 등 모두에게 익숙한 세속의 무상이다.

반면 실재 무상은 물질과 정신이 눈 깜박하는 찰나 동안 무수히 생멸하고, 무명과 집착이 사라진 실재의 상태이다. 실재 물질과 정신은 매 순간 완전하게 생멸로 파괴되는 멸뿐이다. 무명과 집착이 '형상, 덩어리, 연속성'으로 멸을 감춘다.

사무띠둑카(관념적 고통)와 빠라맛타둑카(실재하는 고통)

관념적 고통이란, 관념(빤낫띠)으로 정한 명칭이다. 그가 떨어졌다, 내가 아프다, 열이 높다, 머리가 아프다 등 사람, 중생과 결합한 관념이다.

반면 실재의 고통이란, 조건지워진 물질과 정신이 끊임없이 파괴되고 변화하는 무상을 아는 고통이다. 위빠사나 성자들과 진실한 수행자들만 아는 찰나 멸로 인해 아는 고통이다.

사무띠아낫따(관념적 무아)와 빠라맛타아낫따(실재하는 무아)

관념적 무아란, 세상이 통제하거나 지배할 수 없는 것을 뜻한다. 내 뜻대로 안 된다. 안 늙고 안 죽고 싶지만 늙고 죽는다, 부귀영화를 못 얻는다. 항아리, 집, 물품 등이 때가 되면 파괴되는 것은 내

맘대로 통제할 수 없다.

실재하는 무아란? 조건에 따라 생멸하는 물질과 정신은 조건의 법칙을 따른다. 사람, 중생, 생명, 영혼, 사물이 아니다. 형체가 아니다. 크고, 작고, 짧고, 긴 것이 아니다. 실재(빠라맛타)의 성품만 있다. 실재의 성품(작용, 성질) 그대로 조건(업, 마음, 기온, 양분 등)에 따라 생멸한다. 조건이 존재하는 한, 생멸은 멈추지 않고서 계속된다. 이를 제어하거나 소유할 수 있는 자는 없다. 마음대로 할 수도 가질 수도 없다. 이것은 실재하는 무아라고 한다. 무아의 진면목은 부처님께서 출현하실 때만 드러난다.

관념적(사무띠) 무상, 고통, 무아는 일반 중생이 이해하는 관습적 진리다. 굳이 설명하지 않아도 누구나 받아들인다.

> 위빠사나 수행을 통해 찰나 생멸을 볼 때 무상, 고통, 무아를 알 수 있다.

반면 실재의 무상, 고통, 무아는 부처님께서 출현하셔야 들을 수 있지만, 단지 경청한 것으로는 이해하지 못한다. 위빠사나 수행을 통해 찰나 생멸을 볼 때 무상, 고통, 무아를 알 수 있다. 부처님 시절 수많은 비구에게 교학을 가르쳤던 삼장 법사들도(뽀틸라 존자, 마하나가 존자처럼) 이해하지 못했던 진리다.

빠라맛타디빠니디까에는 실재(빠라맛타) 무상을 알면, 실재 고통과 무아를 순차적으로 알 수 있다'라고 설명하신다. 부처님께서 무상을 보는 사람은 무아 역시 닦았다고 말씀하셨다. 무아를 보려면 원인이 되는 실재(빠라맛타)의 무상과 고통의 성품을 알아야 한다. 불법이 없던 시기의 벽지불들은 과거 생에 축적한 바라밀 덕분에 깨달음을 얻었다. 다만, 자신은 실재(빠라맛타) 무상, 고통, 무아를 깨쳤지만, 남에게 설명할 능력은 없었다.

물질과 정신은 원인-조건(업, 마음, 기온, 양분) 때문에 생겨난다. 사대四大 등 현재 원인들과 결합한다. 여러 원인과 연관되기 때문에 과거에 생겨난 적 없이, 지금 이 순간 새롭게 생겨난다. 생겨나는 즉시 소멸한다. 과거가 아닌, 현재 원인에 따라 일어난다. 일어나고 바로 소멸하기 때문에 항상하지 못한 무상이다.

생과 멸이 끊임없이 계속되어 괴롭기 때문에 고통이다. 찰나마다 변하는 물질과 정신은 본래 성품대로 일어나서 제 할 일을 행한 뒤 소멸된다. 내가 관여할 수 없는 영역이다. 생멸을 관찰해 획득한 위빠사나 지혜로써 물질과 정신을 계속 관하는 수행자는 실재(빠라맛타)의 진리를 엿볼 수 있다.

**무상에서 무아로 건너뛸 순 없다.
무상→고→무아로 드러난다.**

위빠사나의 핵심 과업은 무상의 성품을 보는 것이다. 무상을 알아야 고통과 무아의 성품도 알 수 있다. 위빠사나를 수행하려면 먼저 관

• 미얀마 아라한의 수행 •

념(빤냣띠)에서 벗어나 실재(빠라맛타) 무상을 보려고 투철하게 정진해야 한다. 무상을 보면 무아는 저절로 드러난다. 무상에서 무아로 건너뛸 순 없다. 무상→고→무아의 순서로 드러난다.

지금 이 순간의 찰나 무상을 보는 것이 핵심이다. 그래야 물질과 정신이 연속한다는 관념(빤냣띠)을 벗을 수 있다. 찰나 무상을 관찰해야 관념(빤냣띠)이 제거된다. 지혜가 숙성할 때 관념(빤냣띠)이 사라져, 찰나 무상이 보인다. 실재(빠라맛타) 무상은 생겨나자마자 곧바로 소멸한다. 마치 조건이 갖추어지면 갑자기 번개가 쳤다가 눈 깜짝할 새 사라지는 것처럼. 원인에 따라 일어나되, 흔적조차 없이 완벽하게 소멸한다.

실재(빠라맛타)를 관하려면 과거의 물질, 정신을 따라가면 안 된다. 미래의 물질, 정신도 따라가면 안 된다. 과거의 대상은 이미 일어난 뒤 소멸했다. 미래는 아직 일어나지 않았다. 오직 현재 생겨나는 물질-정신이 생멸하는 지

실재(빠라맛타) 물질과 정신은 일어나자마자 곧바로 소멸한다. 일어난 자리에서 다른 자리로 이동하지 않는다.

금 이 순간을 놓치지 않고 보아야 한다. 논두렁에 선 백로는 이미 물속으로 가버린 물고기를 따라가지 않고, 언제 올라올지 모르는 물고기를 잡고자 하는 마음도 없다. 지금 이 순간 물 밖으로 머리

를 내미는 물고기를 바로 낚아채는 백로처럼 관찰해야 한다.

실재(빠라맛타) 물질과 정신은 일어나자마자 곧바로 소멸한다. 일어난 자리에서 다른 자리로 이동하지 않는다. 한순간도 머물거나 멈추지 않는다. 따라서 지금 이 순간만 관찰할 수 있다. 과거, 미래를 관찰하면 안 된다. 과거, 미래는 마하 위빠사나의 대상이 아니다. 그저 궁리하는 대상에 불과하다.

과거, 미래에서 어떤 일을 표본으로 뽑아서 궁리하고 씨름하는 것은 위빠사나를 이해하지 못한 것이다. 경전에는 무상을 보는 순간 연속성과 덩어리가 사라진다고 설명한다. 사대를 의지하는 물질-형상, 소리, 맛, 냄새… 등을 관하는 사람도 연속성, 더미, 관념(빤낫띠)을 제거하고 '보는 순간, 듣는 순간의 생멸만' 본다면 위빠사나 지혜에 안착한 것이다. 반면 앞 마음의 이미지(지각)가 뒷마음에 그대로 따라온 상태라면 올바른 위빠사나가 아니다.

반면 앞 마음의 이미지(지각)가 뒷마음에 그대로 따라온 상태라면 올바른 위빠사나가 아니다.

현재 일어나는 순간, 찰나 대상만이 실재(빠라맛타)다. 실재의 물질과 정신은 앞 마음의 지각과 연관될 수 없다. 지금 이 순간 일어나 곧바로 소멸되는 것이 자연의 법칙이다.

보고, 듣고, 냄새 맡고, 맛보고, 접촉하고, 생각이 일어날 때 찰나를 본다면, 봄, 들음, 냄새 맡음, 맛봄, 접촉함, 생각이 소멸됨을 볼 수가 있다. 관념(빤냣띠)이 끼어들 자리가 없다. 생멸의 무상을 보고 무상에만 머무는 것이 열반으로 인도하는 진실한 법, 무상 위빠사나이다.

> 실재의 물질과 정신은 앞 마음의 지각과 연관될 수 없다.

위빠사나는 번뇌가 일어날 기회를 차단한다. 생멸의 무상만 관하면 관념(빤냣띠)이 비집고 나올 틈이 없다. 관념 이미지는 번뇌의 불을 지핀다. 관념 이미지를 인위적으로 없애려고 궁리하고 발버둥 쳐도 소용이 없다. 직접 수행하면서 정진하는 도리밖에 없다. 처음에는 관념(빤냣띠) 대상을 만난다. 제법 시간이 흐르면 관념 대상이 서서히 줄다가 마침내 사라질 것이다. 관념이 완전히 사라질 때, 실재(빠라맛타)의 생멸을 관할 수 있다. 이렇게 관할 때 실재(빠라맛타) 물질과 정신을 보는 무상 위빠사나가 된다. 찰나멸, 무상 위빠사나에 이르러서야 고통과 무아의 성품을 볼 수 있다.

지혜로써 무상(변한다고)을 관찰하면 물질과 정신의 소멸과 지혜가 밀착돼 드러난다. 변화하지 않는 것은 없다. 하나의 생멸 뒤에 똑같은 것이 일어날 수

> 하나의 생멸 뒤에 똑같은 것이 있어날 수 없다.

없다. 항상할 수 없음을 관하면, 번뇌의 끝[찰나 소멸]을 볼 수 있다. '물질과 정신이 파괴되어 소멸하는구나!'를 분명하게 알 수가 있다. 이때가 되면 관념의 대상은 저절로 사그라든다.

생멸을 보는 지혜에는 '영원하다'는 착각이 제법 많이 제거되었다. 하지만 아직 성숙하지 않았기 때문에 '덩어리로 보는 지각(가나산냐)'은 완전히 벗어나진 않았다. 완벽하게 소멸을 보는 지혜에 이르러야 덩어리로 보는 지각(가나산냐)에서 벗어날 수 있다. 무상, 고통, 무아의 성품도 더 생생하게 보인다. '항상한 것,

___

완벽하게 소멸을 보는 지혜에 이르러야 덩어리로 보는 지각(가나산냐)에서 벗어날 수 있다.

___

행복한 것, 나-자아, 아름다운 것' 등 4가지를 본질이라 착각하는 사견에서도 벗어난다. 소멸의 지혜에 이르면 **띠라나빠릿냐**(물질과 정신을 무상, 고, 무아로 결정하고, 물질과 정신을 구분하는 지혜), **바하나빠릿냐**(번뇌를 제거하고, 물질과 정신을 구분하는 지혜)가 일어난다.

소멸을 보는 지혜에 이르러야 힘 있는 위빠사나가 된다. 소멸의 지혜에 도달한 수행자가 수행을 놓지 않고 계속해 정진해 가면, 행주좌와 중 어떤 때에 도와 과를 얻을 수 있다. 찰나멸을 보는 마하위빠사나를 통하지 않고 도·과·열반을 증득할 길은 없다.

위빠사나 지혜가 무르익으면, 생멸에 대한 혐오가 일어난다. 혐

오가 커지면 무엇에도 탐착하지 않는다. 오직 윤회의 굴레에서 벗어나는 것만 열망한다. 최고의 적정에 이르려고 분투한다면 아라한 과 지혜도 증득할 수 있다.

위빠사나는 '모든 물질과 정신은 생성하는 성품이 있고, 일어난 모든 것은 파괴된다'는 앎을 얻는 수행이다.

위빠사나는 더미, 집착, 형상, 연속성에 따라 드러나는 중생, 사람, 나, 타인, 남자, 여자, 크다, 작다, 짧다, 길다, 생명체, 비생명체 등 '형상'의 관념(빤냣띠)에

> 위빠사나는 '일어난 모든 것은 파괴된다'는 앎을 얻는 수행이다.

서 벗어나는 길이다. 수많은 생에서 익혔던 오류에서 해방되는 길이다. 물질과 정신의 본래 성품인 실재(빠라맛타)를 무상, 고통, 무아로 관찰하는 일이다. 이것이 위빠사나다.

위빠사나란 형상에서 벗어나는 것이다. 실재(빠라맛타)에는 형상이 없다. 물질을 미립자로 보면 실재의 참면목을 알 수 있다. 경전에는 세상에서 물질과 정신을 제외하면 아무것도 존재하지 않는다고 말씀하신다.

우리가 매일 마주하는 생명체와 사물들은 실재(빠라맛타)하는 물질과 정신이다. 하지만 우리 눈에는 실재가 아

> 위빠사나란 형상에서 벗어나는 것이다.

닌 형상만 보인다. 니빠따 주석서에서 '실재에는 형상이 없다'고 하셨다. 사물, 형상에도 실재(빠라맛타)가 있지 않은가?라고 묻는다면 맞다. 모든 형상에는 실재가 있다. 하지만 우리는 실재(빠라맛타)의 집합, 덩어리진 형상으로만 본다. 아비담마에 따르면 물질의 최소 입자들이 모여 더미를 이룬다. 더미를 형상이라 여기면 관념(빤낫띠)이 된다.

레디 사야도께선 '물질 덩어리들은 수천, 수만 개의 입자들로 뭉쳐져 있다. 단단하고 부드럽고, 가볍고 무겁고, 작고 크고, 다양한 형태로 있다. 액체와 고체로 보는 것은 잘못된 니밋따(형상, 이미지)이다'라고 말씀하셨다.

실재(빠라맛타)와 관념(빤낫띠)은 서로 벗어날 수 없다. 형상(관념)에는 무수한 실재(빠라맛타)가 내포돼 있다. 무수한 실재(빠라맛타)가 모여 형상으로 드러난다. '형상과 실재(빠라맛타)를 따로따로 구분할 수 있는가?' 만약 구분할 수 없다면, '관념(빤낫띠)을 제거하여 실재(빠라맛타) 무상만 관해야 한다는 경전의 말씀은 무엇인가?' 등으로 점검해 봐야 한다.

지혜가 부족한 사람은 많은 노력을 기우려도 힘들다. 형상과 실재(빠라맛타)를 구분하는 능력이 있어야 그들을 따로따로 볼 수 있다. 생멸을 보는 지혜(우다얍바야냐나)에 도달하려고 분투하는 수행자라면 점차 구분할 수 있을 것이다.

소멸을 보는 지혜(방가냐나), 강력한 위빠사나 지혜에 도달한 수행자는 관념과 실재를 훌륭히 구분하여 관념을 완전하게 뿌리 뽑는다. 관념이 완전히 사라져야 순수한 실재 성품을 볼 수 있다.

관념이 완전히 사라져야
순수한 실재 성품을 볼 수 있다.

부처님께서 관념을 벗어나 실재 무상을 보는 방법을 아래와 같이 설하셨다.

'바히야! 도반들과 함께 이렇게 수행하라. 형상이 보이면 그저 알아차려라. 소리가 들리면 그저 알아차려라. 코, 혀, 몸으로 냄새, 맛, 감촉과 접촉할 때도 그저 알아차려라. 마음으로 생각할 때도 그저 알아차려라.'

수행자는 부처님의 가르침에 부합하려고 노력해야 한다. 방법을 모를 때는 무척 어렵다. 차츰 방법을 익히면 쉬워질 것이다. 형상, 소리, 냄새, 맛, 감촉, 법 등에서 일어나는 6가지 대상이 하나하나 따로따로 보일 수도 있다. 2가지, 3가지가 섞여 보일 수도 있다. 6가지 모두 뒤섞여 보일 수도 있다. 끊어지지 않고 연속되는 것처럼 보일 수도 있다. 육근에 부딪치며 하나 뒤에 하나가 끊어짐 없이 연달아 보일 수도 있다.

조건이 충족되어야, 일어난 대상이 즉시 소멸하는 것을 바로 볼 수 있다. 경전에서 조건이 충족되지 않았을 때는 보이면 그저 보이는 정도만 알고, 더 나가면 안된다고 말씀하신다. 하지만 쉬운 일이 아니다. 소멸을 보지 못한 상태에서는 관념으로 치닫는다.

소멸을 보지 못한 상태에서는 관념으로 치닫는다.

눈으로 형상을 볼 때 보이는 즉시 사라지지 않으면, 관념으로 빠진다. 희다, 빨갛다, 크다, 작다, 둥글다, 납작하다, 짧다, 길다, 사람, 중생, 나, 타인, 남자, 여자 등으로 구분한다. 마치 법칙처럼 '어떤 형상이다'라는 인식이 연이어 일어난다면, 이미 관념(빤낫띠)에 빠진 것이다. 더미, 집착, 형상, 연속성 등 관념이 연달아 일어난다. 이들은 실재하지 않기 때문에 관념적 진리(삼무띠삿짜)이다. 실재의 진리(빠라맛타삿짜)가 아니다.

이는 순수한 오온, 12입처, 18계가 될 수 없다. 순수한 실재(빠라맛타) 위빠사나에 들지 못하면 관념적 무상, 관념적 고통에 빠진다. 그가 죽었지, 항아리가 깨졌지, 그게 나타났지, 이게 사라졌네, 나무가 쓰러졌구나, 산이 무너지네, 그가 열이 나네, 내 머리가 아프군 등등… 관념에 빠진다.

불법이 없던 시절에도 무상과 고통은 알았고 무아만 몰랐다는 주장은 그릇된 생각이다. 정확하게 말하면, 부처님께서 출현하셔야만 실재 빠라맛타 무상, 고통을 알 수 있다. 실재의 무상, 고통을 알아야만 실재(빠라맛타) 무아를 알 수 있다.

소리가 들릴 때, 듣자마자 바로 사라지고, 또 다른 소리가 들리자마자 곧바로 사라져야 한다. 소멸하자마자 바로 나타난다. 이처럼 들리자마자 사라지고, 다른 소리가 곧바로 나타나기 때문에 들음-소멸, 들음-소멸 등으로 연속한다. 만약 들음-소멸의 연속이 끊기면, 소리가 크다, 작다, 거슬리다, 시끄럽다, 무겁다, 가볍다, 흐릿하다, 좋다, 나쁘다, 사람 소리, 차 소리, 호랑이 소리, 돼지 소리, 무슨 무슨 소리 등등, 관념(빤냣띠)에 빠진다. 막을 수도 멈출 수도 없이 빠져버린 것이다.

냄새를 맡을 때 냄새가 연속해서 생멸하는 것을 보지 못하면 이 냄새, 저 냄새, 좋은 냄새, 나쁜 냄새 등 후속편으로 관념(빤냣띠)이 일어난다.

맛도 마찬가지다. 감촉도 마찬가지다. 접촉-소멸, 뜨거움-소멸, 차가움-소멸, 저림-소멸, 뭉침-소멸, 아픔-소멸, 뻣뻣함-소멸, 느슨함-소멸 등으로 생-멸, 생-멸을 연속해서 알지 못하면, 머리다, 발이다, 손이다, 몸이다, 몸 안이다, 뼛속이다 등으로 관념에 뒤섞일 것이다.

수행자가 사띠삼빠자나(알아차림과 구분하는 앎) 지혜로, 육근에서 생멸하는 (관념에 빠지지 않고) 실재만 알아차린다면 수행이 익어 갈 수록 실재(빠라맛타)의 생멸을 연속으로 볼 수 있다. 실재 생멸은 생겨나자마자 소멸하고, 소멸하자마자 곧바로 일어난다. 계속되는 생멸을 끊기지 않고 알아차린다면, 관념이 개입할 틈이 없어 관념 대상이 사라진다. 이를 '무상을 훌륭하게 보기에 연속성(산따띠)이 끊어졌다'라고 말한다. 연속성이 사라지는 순간 덩어리(가나)가 흩어진다.

'무상을 훌륭하게 보기에 연속성(산따띠)이 끊어졌다'

연속성이 사라지는 순간 덩어리(가나)가 흩어진다.

덩어리가 흩어지는 그 찰나에 '나라고 집착하던 유신견이 떨어져 나간다'. 연속이 끊어진 생멸 무상만 보기 때문에, 나라는 집착, 몸의 온갖 기관들도 흩어져 스러진다. 이에 '자아'라는 유신견이 설 자리를 잃는다. 덩어리가 흩어져 흔적조차 없는 것을 보면서 무아를 확연히 깨친다. '무상 지각을 지녀야 무아가 자리 잡힌다'는 말씀에 부합하는 상태가 된다.

덩어리가 흩어져 흔적조차 없는 것을 보면서 무아를 확연히 알게 된다.

보자마자 사라지는 형상, 듣자마자 사라지는 소리, 맡자마자 사라지는 냄새, 맛보자마자 사라지는 맛,

닿자마자 사라지는 촉감, 알자마자 사라지는 생각. 법이 일어나자 소멸하고 곧바로 다시 일어나 사라짐을 거듭 보게 된다. 이처럼 끊어짐 없이 계속되는 생멸만 보이는 자리를 찾아 관찰해야 한다.

아비담마에서 빠라맛타 물질과 정신은 눈을 한 번 깜박이는 찰나에 물질은 500만 번 이상, 정신은 1000만 번 이상 생멸이 일어난다고 확언하셨다. 오직 부처님의 전능지로만 실재를 있는 그대로 정확하게 보실 수 있다. 하지만 수행자가 물거품, 신기루 같은 현상계의 실체를 알기 위해 생멸, 빠른 소멸을 알도록 분투한다면 일은 완성된다.

생멸 자리를 찾아 관하면 형상 등 관념이 안 보이나요?라고 묻는 이가 있다. 처음에는 관념이 섞일 것이다. 하지만 보여도 괘념치 않으면 서서히 사라진다. 그렇게 관념(빤낫띠)을 벗어나 생성과 소멸만 관찰해야 한다. 시간이 지나 익숙해질수록 6가지 대상이 생멸하는 성품, 법의 성품만 보일 것이다.

> 처음에는 관념이 섞일 것이다. 하지만 보여도 괘념치 않으면 서서히 사라진다.

빠테야 경에서 이와 같이 설하셨다

'수행이 서툴 때(초기에)는 관념(빤냣띠), 형상, 크고 작은 몸의 기관들이 보인다. 그렇다! 하지만 위빠사나를 수행하여 계속 관하면 학문적인 앎, 나라는 앎, 지각의 앎, 의식의 앎, 경청한 앎, 궁리한 앎 등 관념(빤냣띠)에서 탈출한다. 본성품 그대로 실재(빠라맛타) 생멸의 성품을 알게 될 것이다. 아는 마음이 조건에 묶여 생멸하는 물질과 정신을 있는 그대로 볼 것이다.'

> 관념 대상이 떨어져 나가면, 생멸 실재(빠라맛타)만 남는다.

그렇게 될 때 봄, 들음, 냄새 맡음, 맛봄, 감촉, 마음이 자신의 일을 행하는 것을 알게 되면서 점차 수행자의 지혜가 일어날 것이다.

봄, 들음, 냄새 맡음, 맛봄, 접촉, 생각이 일어날 때 실재(빠라맛타) 생멸만 연속되기 때문에 관념(빤냣띠)이 개입할 수가 없다. 사람, 중생, 나, 타인, 여자, 남자, 사물 등 관념이 들어갈 자리가 없기 때문에 관념을 벗어난다. 관념 대상이 떨어져 나가면, 생멸 실재(빠라맛타)만 남는다.

> 생성의 시작과 소멸의 끝만 주목하라.

관념에서 벗어난 대상을 관하기 때문에 실재(빠라맛타)만 일어난다. 오온, 12입처, 18계라는 말씀이 자동으로 완성되는 것이다.

위빠사나를 관할 때 더미, 집착, 형상, 연속성 등 관념(빤냣띠)을 회피하기는 어렵다. 하지만 마주쳐도 동반자로 삼지는 마라. 법이 생겨나고 소멸하는 것만 주목해야 한다. 생성의 시작과 소멸의 끝만 주목하라. 꾸준히 투철하게 관할 때 관념(빤냣띠)이 사라진 위빠사나에 도달할 것이다.

레디사야도의 해석

레디 사야도께서는 전도된 지각을 바로 세우는 방법을 다음과 같이 설명하였다.

지각이란 대상을 기억하는 행위다. 태어나서 마주하는 어머니 아버지 등의 사람과 사물, 행위, 관계 등을 기억하면서 지각이 형성된다. 한참 세월이 흐른 뒤에도 다시 기억해 내는 능력이 지각이다.

마음(식識)은 기억하는 것이 아니라, 대상을 아는 인지 기능만 있다. 마음에는 과거에 알던 대상을 다시 기억해 내는 능력이 없다. 지금 아는 것들은 과거에 저장했던 지각이다. 만약 지각이 없다면 우리는 제 이름조차 알 수 없을 것이다.

마음識은 나타난 대상을 향한다. 지각은 마음이 보여주는 것을 기억한다.

지혜는 마음이 보여주지 못하는 것을 통찰한다. 지각은 지혜가 보여주는 것도 기억한다. 지혜는 기억하는 자가 아니다. 아는 자, 통찰하는 자이다.

마음은 마술사와 같다. 틀린 것을 옳다고, 없는 것을 있다고 왜곡시킨다. 지각은 마음이 보여주는 그대로 기억할 뿐이다.

지혜는 실체만 통찰한다. 지각은 지혜가 보여준 그대로를 기억한다. 하지만 지각은 언제나 마음과 함께해 왔다. 지혜와는 간혹 만났다.

마음과 지혜가 맞서거나 다툼이 일어나면, 지각은 마음에 찰싹 붙어 견실한 증인이 된다. 예를 들면 지혜가 '오온은 무상'이라고 반박하면, 지각은 평생 익힌 관습대로 항상하는 것(닛짜)이라고 주장하는 마음에 붙는다.

그래서 지혜가 '무상'이라고 관해도, 마음과 지각은 오온이 '항상하다(닛짜)'라는 허상에 빠진다.

수다원 도에 도달해서야 항상한다고 믿는 전도된 마음과 지각이 패배하고 지혜 편에 서서 무상임을 확인한다.

지각과 마음은 오온을 행복한 것이라 믿는다. 하지만 지혜는 고통이라고 주장한다. 이 다툼은 아라한 도에 도달해야 지혜가 완전히 이긴다. 지각과 마음도 오온이 고통임을 받아들인다.

자아-무아에 대한 다툼도 수다원 도에 이르러야 무아임을 확인한다.

비유하면, 굶주린 나찰녀가 천녀로 둔갑해 우둔한 남자 앞에 나타난다. 그 남자의 마음이 천녀로 본다. 지각이 천녀로 기억한다.

접촉은 눈에 보이는 형상대로 천녀로 본다. 느낌은 그 아름다움에 주목한다. 의도에 탐욕이 가세해 천녀에게 홀딱 빠진다. 그 순간 남자는 나찰녀에게 잡아 먹힌다.

둔갑한 나찰녀가 지혜로운 수행자 앞에 나타난다. 수행자의 마음은 천녀로 본다. 하지만 지혜가 '그림자가 없다… 등' 악귀의 특징을 숙고해 나찰녀로 파악한다. 눈의 접촉이 나찰녀로 본다. 느낌이 위험한 존재라고 경계한다. 의도가 빨리 도망치라고 지시한다. 지혜로 정진하는 수행자는 나찰녀의 손아귀를 벗어난다. 이처럼 지각, 마음, 지혜를 바르게 이해해야 한다.

통찰이 부족한 사람에겐 마음과 지각이 지혜로 변장해 나타난다. 지각과 마음이 지혜의 앎이라고 혼돈시킨다. 마음과 지각에 속아 사견으로 들어선다.

지각, 마음, 견해가 전도되면 사견이 강화된다. 사견은 미세한 수준, 보통 수준, 완강한 수준으로 나눌 수 있다. 지각은 미세한 수준의 사견이다. 마음은 보통 정도의 사견이다. 견해는 사견이 완강해진 상태다. 미세함에서 보통으로 강화되고, 보통에서 완강하게 굳어진다. 대상에 사띠를 강하게 두고 관찰해야 마음과 지각에 기만당하지 않는다.

윤회를 거듭하는 범부의 마음은 사견에 얽매인 채 갈애로 집착

한다. 가짜를 진짜라고 속이는 마술사
와 같다. 옳은 것을 거짓으로, 거짓을
옳다고 내민다. 지각은 마음이 가리키
는 대로 '옳다, 맞다'라고 기억한다. 마

> 마음과 지각은 집착에 사로잡힌
> 오온, 즉 오취온의 동업자다.

음과 지각은 집착에 사로잡힌 오온, 즉 오취온의 동업자다. 오취온
에서 마음은 스승이고, 지각은 제자다. 강한 집착을 벗어나려면 제
자인 지각을 먼저 제거해야 한다. 그래
야 스승인 마음이 취착에서 벗어날 수
있다.

> 강한 집착을 벗어나려면 제자인
> 지각을 먼저 제거해야 한다.

평생을 마음과 어울리는 지각은 그릇된 것을 '바르다'고 인지한
다. 실재를 벗하는 지혜를 연마하려면 마음과 지각이 밀착되지 않
도록 갈라놓아야 한다. 앞마음을 인지한 지각이 뒷마음에 따라붙
으면 마음은 갈애와 사견을 증폭시킨다. 찰나 생멸을 관찰해 실재
(빠라맛타)를 볼 때만 지각의 전도가 제거된다.

뒷마음과 앞마음은 각자 독립된 마음이다. 하지만 범부는 앞마
음의 지각과 뒷마음의 지각을 연달아
붙이고 키운다. 앞마음에서 일어난 통
증의 지각과 뒷마음에서 일어난 통증
의 지각은 아무런 연관이 없다. 하지만

> 범부의 갈애와 집착이 앞마음의 지
> 각을 뒷마음에 갖다 붙여 통증을
> 증폭시킨다.

범부의 갈애와 집착이 앞마음의 지각을 뒷마음에 갖다 붙여 통증을 증폭시킨다.

> 지각이 연속되면서 미세하고 교묘한 전이가 일어나기 때문에 끊어 내기가 무척 어렵다.

지각이 연속되면서 미세하고 교묘한 전이가 일어나기 때문에 끊어 내기가 무척 어렵다. 지혜로 앞마음과 뒷마음에서 연속하는 지각을 끊어야 한다. 힘을 약화시켜 분리해야 한다. 그래야 실재(빠라맛타) 생멸을 관하면서 위빠사나 지혜가 도약할 수 있다.

많은 스승들께서 '번뇌 없이 반나절만' 위빠사나 지혜로 찰나의 생멸을 관하면 실재(빠라맛타)를 도달해 도·과를 증득할 수 있다고 강조하셨다. 지혜가 무르익을 때, 수다원 도를 증득할 것이다. 위빠사나 수행은 지각과 마음을 지혜로 분리시킨다. 찰나에서 찰나로 지각이 전이되지 않도록 지혜를 연마하는 관법이다.

> 찰나에서 찰나로 지각이 전이되지 않도록 지혜를 연마하는 관법이다.

그릇된 지각은 '무명'으로, 올바른 지각은 '지혜'로 연결된다. 왜곡된 지각과 마음과 견해를 제거해 올바로 정립하는 것이 수행의 핵심이다. 실재(빠라맛타)를 '왜곡 전도(윕빨라사)'시켜 감추기 때문에, 관념(빤낫띠) 형상에 빠진다. 뒤덮고 감추는 전도(윕빨라사)를 올바른 지혜로 바꿔야 한다. 그래야 관념(빤냣띠)이 제거되고 실재(빠라맛타)가 드러난다. 위빠사나 수행의 우선 과제는 지혜를 연마해 전도된 지각을 바로 세우는 일이다.

위빠사나로 '전도된 지각(산냐윕빨라사)'을 올바른 생멸을 관하면 그릇된 지각이 점차 사라지고 지혜가 자라난다. 정신의 네 더미(지각, 느낌, 행, 식)가 취착에서 벗어나 청정한 지혜로 정화된다.

비구들이여! 정신의 네 더미는 지각의 전도(산냐윕빨라사), 마음의 전도(찟따윕빨라사), 견해의 전도(딧티윕빨라사)로 왜곡되어 있다.

비구들이여! 매 순간 변하는 것을 항상하다고 여기는 지각의 전도, 마음의 전도, 견해의 전도를 바로 세워라.

비구들이여! 고통을 행복이라 여기는 지각의 전도, 마음의 전도, 견해의 전도를 바로 잡아라.

비구들이여! 있지도 않은 자아를 있다고 여기는 지각의 전도, 마음의 전도, 견해의 전도에서 벗어나라.

비구들이여! 추한(부정한) 것을 아름답다고 여기는 지각의 전도, 마음의 전도, 견해의 전도에서 탈출하라.

비구들이여! 올바른 지각, 바른 마음, 올바른 견해란 다음과 같다.

항상하지 않은 것은 무상, 괴로운 것은 고통, 자아가 없음을 아는 무아, 청정하지 않은 부정한 것을 알 때, 지각, 마음, 견해가 올바로 정립된다.

**생의 바퀴를 계속 돌리는 이유는,
느낌이 느낌에서 멈추지 않기 때문
이다.**

사견에 집착해 전도된 지각으로 방황하는 범부들은 끊임없이 변하는 것을 견고하다고 여긴다. 고통스러운 것을 행복이라 착각한다. 없는 자아를 있다고 강변한다. 부정한 것을 청정하다고 우긴다.

네 가지에 결박된 범부는 끊임없이 윤회한다. 끝없이 이어지는 탄생, 사견, 오감의 쾌락, 무명의 암흑에 깊이깊이 함몰된다. 네 가지 결박 때문에 열반으로 나아가지 못한다. 탄생과 죽음의 바퀴를 돌리며 윤회계를 떠돈다.

부처님께서 광명의 빛으로 세상에 출현하셨다. 고통의 완전한 소멸, 열반으로 인도하는 사성제 법을 가르쳐 주셨다.

**느낌에서 멈추어라,
갈애로 옮겨붙지 마라.**

지혜로운 수행자는 법을 경청하다가도 마음의 눈을 뜬다. 삼라만상이 무상임을 안다. 행복이 고통임을 안다. 자아를 벗어나 무아를 본다. 청정하지 않은 것을 부정하다고 안다. 이처럼 올바른 견해를 발전시켜 일체의 고통에서 벗어난다.

12연기법이 생의 바퀴를 계속 돌리는 이유는, 느낌에서 멈추지 않기 때문이다. 느낌이 갈애, 집착, 생의 연속으로 옮겨가면서 바퀴를 굴리기 때문이다. 느낌이 갈애, 강한 집착, 탄생으로 옮겨가는 다리를 끊는다면 느낌에서 멈출 수 있다. 12연기로 돌리는 생의 바퀴가 부서질 것이다.

12연기가 멈추도록, 윤회의 바퀴살이 파괴되도록, 느낌에서 멈추어라, 갈애로 옮겨붙지 마라. 최선을 다해 끊어내어라.

순룬 사야도

Sunlun Sayadaw

순룬 사야도(1878년~1952년)

순룬 사야도께서 직접 말씀하신 전생담은 아래와 같다.

가섭 부처님 시대에 부처님을 친견한 앵무새가 있었다. 비록 축생이었지만 과거 생의 바라밀과 선업 덕분에 '매우 고귀한 분이구나!'라고 알아차리고 제 몸을 접어 경배했다. 양 날개를 모아 과일 하나를 공양 올렸다. 공양물을 받으신 부처님께서 '이 보시의 공덕으로 네 모든 기도가 이루어지어다'라고 축언하셨다.

생을 마친 앵무새는 천상계에 태어나 부귀를 누린 뒤 다시 인간계로 내려와 저명한 의사로 태어났다. [아라한이 되자, '의사였던 과거 생에서 만났던 인연들이 다시 모여, 내 가르침을 따라 수행한다'라고 말씀하셨다] 또 천 년 전, 미얀마 바간 왕조 따통국의 마누하 왕이 존경하던 바메 사야도로 지내는 등 윤회를 거듭했다.

1877년 3월 2일 민창 순룬 마을의 가난한 농부의 아들로 태어나 '우쪼띤'로 불렸다. 학교에 입학했지만 도무지 글을 익힐 수 없었다.[난독증으로 추정] 결혼하여 4명의 자녀를 두었지만 셋은 유아기에 죽고 한 명만 길렀다.

농사를 잘 지어 논밭을 늘리면서 재물이 늘어났다. 마을에 전염병이 돌자, '갑자기 재물이 늘면 사람이 죽는다지? 토요일 별자리에 들면 죽는다는데, 아뿔사 내가 토요일 별자리네! 이 전염병에 휩쓸려 죽을까?' 등 죽음에 대한 두려움이 밀려왔다.

어느 날 꿈에 불상이 나타나 '한 번만 말한다. 두 번 말하지 않겠다'라고 말하는 꿈을 꾸고 죽음에 대한 공포가 더 엄습했다. 점을 치자 '올해, 당신 집에서 두 발 달린 짐승이 나간다'는 점괘를 받고 온몸이 떨리는 죽음의 공포를 느꼈다.

며칠 뒤 다른 마을에서 온 우바상이란 사람이 와서 레디 사야도의 '위빠사나-아나빠나'를 설명했다. 아나빠나(수식관)라는 단어를 듣는 순간 온몸에서 전율이 일면서, '오! 이 법을 수행하면 나는 얻을 수 있다'라는 확신이 들었다.

우바상에게 '글자를 못 읽는 문맹도 수행할 수가 있습니까?'라고 물었다. 우바상은 '오! 글을 알든 모르든 상관없습니다. 믿음과 정진력만 필요합니다'라고 했다. '그럼 어떻게 해야 하나요?'라고 묻자,

그가 '들숨날숨 아나빠나(수식관)'를 가르쳐 주었다.

기뻐하며 돌아온 우쬬띤은 곧바로 창고 움막에 들어가 등받이 의자에 앉았다. '들숨, 날숨'이라 이름을 붙이면서 호흡을 관찰했다. 나중에는 들이쉬고 내쉬며 수식관을 했다. '정진만 하면 반드시 법을 얻을 것이다'라는 강한 확신과 정진력으로 들숨날숨 호흡에 집중했다.

며칠 뒤 이웃인 우쉐가 와서 '알아차림이 필요합니다'라고 하자 '어떻게 알아차리나요?'라고 묻자, '앎, 앎, 앎'이라고 했다. '알아차림이 따르면 어떻게 되나요?'라고 묻자, 그가 '선업이 됩니다'라고 답했다. 우쬬띤은 '선업이 된다면 반드시 해야지!' 하고 다짐했다.

우쬬띤은 '옥수숫대를 자를 때도 알아차리면 선업을 쌓아 수확이 늘겠구나'라는 생각으로 작두를 밟았다. 시간이 지나 '바자작, 바자작' 잘리는 소리와 알아차림이 일치하는 것에 흡족해하며 모든 일상을 알아차림 했다. 계속 관찰하면서 코 끝에 바람이 부딪치는 접촉을 알았다. 앎에 다시 알아차림을 두고 관찰하였다[아는 마음을 뒷마음이 다시 알아차림]. 길을 갈 때는 발바닥이 땅에 닿는 것을 알아차리고, 아는 것을 다시 알면서 걸었다. 잡초를 솎을 때, 곡괭이를 들고 내릴 때, 물을 길을 때 등 모든 일상을 알아차림 하면서 실행했다.

밤낮을 가리지 않았다. 집, 밭, 숲, 장소도 가리지 않았다. 어디에서 무엇을 하건, 눈을 떠서 잠들 때까지 강한 신심으로 정진했다. 어느 날 사마디가 강해져 눈앞에 갈색, 파란색, 빨간색, 흰색, 금색 등 빛이 나타났다. 그는 '오, 수행을 해서 부처님 광명을 친견하는 구나'라는 환희심이 일어나 더욱 정진했다. 어느 날 얼굴 바로 앞에 작은 구슬 하나가 돌돌 돌면서 나타났다. 주의를 두고 따라가자 구슬이 자꾸 위로 올라갔다. '올라간다, 올라간다'라고 알아차리면서 따라가자, 몸이 서서히 구름 위로 올라갔다. '어이쿠! 구름 위로 올라왔구나'하며 기뻐했다. 다음 날 눈 앞에서 반딧불 빛이 반짝거리는 것을 보다가 빛을 따라 올라가 궁전들을 보았다. '아, 죽으면 여기 와서 살겠구나'라고 생각이 일어나자 죽음에 대한 두려움이 씻은 듯이 사라졌다. 힘이 나고 벅찬 환희가 일어났다.

정진 시간이 늘어나자, 몸에서 갖가지 느낌이 일어났다. 느낌이 일어나면 다시 알아차리면서 밀착해 관찰했다. 사마디 힘이 커지고, 일이 단결['접촉-앎-다시 알아차림'이 동시에 떨어지는 것을 말한다]했다. 끊어짐 없이 정진했다. 말할 때도 '사바와-진리, 자연의 성품'을 언급하는 통에 동네에선 '저놈이 미쳤다'는 소문이 돌았다. 하지만 개의치 않고 홀로 수행에만 매진했다.

사마디가 강해지자, 대상 뒤를 질질 끌려다니는 사람들을 보고 두려움에 떨었다. 마을 사람들에게 "이보시오! 불법승 삼보에 의지하시오. 아무개는 사흘 안에 죽고, 아무개는 5일 안에 죽고, 아무개는 7일 안에 죽을 것이오!"라고 말했다. 그의 말처럼 사람들이 차례로 죽으면서 예언이 실현되었다.

우쪼띤이 '당신 몸속이 보인다. 배, 간, 심장, 내장, 기관들이 보인다. 아래를 보면 죽은 개를 파먹으며 꿈틀거리는 구더기 머리가 보이고, 지옥 중생들이 보인다'라고 말하자, 마을 사람들이 경악했다. 하지만 시간이 갈수록 우쪼띤의 말이 적중했다. 마을 사람들이 몰려왔다. 잃어버린 소가 어디 있는지, 무슨 약을 먹어야 병이 낫는지 등 시시콜콜하게 물었다. 그는 '자칫하면 물건 찾아주다 하루를 허비하겠구나. 멀리 도망가자'하며 숲속에 들어가 수행에 매진했다.

'접촉(티)-앎(사띠)-알아차림(멸을 확인함)'을 끊임없이 관찰하자, 몸에서 느낌들이 일어났다. 그 느낌을 알아차리고 이어갔다. 마치 거울에 비추어 보듯, 자신의 몸을 보았다. 생멸의 지혜[우다야바야냐나]가 성장하면서 마치 칼로 배를 가르듯, 몸속의 대장, 간, 심장 등이 또렷하게 보였다.

> **'접촉(티)-앎(사띠)-**
> **알아차림(멸을 확인함)'**

물질 더미가 생겨나고 사라지는 모습이 젖은 것, 메마른 것 등 모습으로 다양하게 일어났다.

계속 신심과 정진력으로 노력하면서 마음, 마음부수, 물질이 생겨나고 사라지는 모습이 낱낱이 구분되어 보였다. 후일 법문을 하실 때 '생멸을 보는 지혜는 거친 단계, 중간 단계, 미세한 단계가 있다. 수행이 깊어지면 볼 수 있다'라고 말씀하셨다.

1920년 7월 28일 밤 10시에 첫 번째 도를 증득했다.

계속 정진하며 느낌 위에 알아차림을 붙이는 시간이 길어지자 인내심이 저절로 커졌다. 전에는 마을 사람들이 험한 욕설을 하면 싫은 마음이 들었다. 이젠 알아차림이 진심嗔心을 따라잡아 즉각 마음을 되돌렸다. 그는 '예전에는 참을 수 없던 일도 이젠 참을 수가 있구나'라며 기뻐했다.

눈은 단지 볼 뿐, 형상은 지각이다. 이들이 무슨 연관이 있겠는가?라고 깨달았다.

'형상을 보고 즐기면 탐심이다. 눈은 단지 볼 뿐, 형상은 지각이다. 이들이 무슨 연관이 있겠는가?' 라고 깨달았다. 소리를 들으며 지각으로 끊어냈고, 접촉도 지각으로 끊어냈다. 이처럼 계속 끊어내면서 알아차림 했다.

1920년 8월 28일에 밤 10시, 두 번째 도를 증득했다.

후일 사야도께서 '두 번째 법을 증득할 때는, 한 번 해 봤기 때문에 가는 방법을 알았다. 느낌이 올라오는 정도만 특별했다'라고 회고하셨다.

두 번째 법을 증득한 뒤, 어떤 주제에 관해서건 본질을 훌륭하게 파악하셨다. 누군가 병이 들었다고 귀띔하면 '언제 죽을 것이다' '죽지 않는다'라고 예언하면 그대로 맞았다. 이처럼 계속 맞추자, 두려워진 사람들이 묻지를 못했다. 바깥 일에 관심을 두지 않고, 오직 수행에만 전념했다.

1920년 9월 28일 밤 10시쯤 모든 근육과 골수가 끊어질 것 같은 극도의 통증을 견딘 뒤, 세 번째 도를 증득하였다.

세 번째 법을 증득하며 탄생의 종자가 떨어져 나가자 속인의 옷을 걸칠 수가 없어 비구의 가사를 수하기로 결심하셨다. 중생들이 대상 뒤를 끌려다니는 것을 보면서 전율과 두려움을 느꼈다. 더는 사람들 속에서 지낼 수 없다는 생각에, 비구가 되려는 강한 발심을 내고 1920년 10월 20일 43살에 출가하였다.

1920년 10월 28일 밤 10시쯤, 은으로 된 철로가 보이며 '픽폭 픽폭' 굉음을 내는 기차가 전속력으로 덮칠 듯 달려왔다. 그마저 무시하고 계속 수행에만 전념하자, 몸이 가벼워지면서 하늘로 올랐다. 달리던 기차는 멈춰 섰다. 주변을 둘러보니 네 면 모퉁이마다 천인 네 명, 오른쪽에는 제석천왕이 보였다. '법을 얻을 때가 되자 내 곁에서 지켜주는구나'라는 생각이 들었다. 자세를 바꾸지 않고 계속 정진하여 마침내 네 번째 도를 증득하였다. (7월부터 10월까지 4달 동안, 매달 28일 밤 10시에 4가지 도를 모두 증득하셨다.)

법을 증득하여 할 일을 모두 마친 뒤 주변을 둘러보자 제석천왕, 천인 네 분, 하늘을 나는 기차는 사라지고 없었다. 네 번째 도를 증득한 뒤, 위로는 최상층부터 아래로는 무간지옥까지 모두 투명하게 보였다. 각자 천상으로 돌아간 제석천왕과 사대천왕이 '인간계에 아라한이 출현하셨다. 가서 친견하거라!'며 우렁차게 외치는 소리가 들렸다.

그러자 다양한 중생들이 보였다. 친견하고 예경하려고 지신, 목신 등 천신들, 상층의 천신, 범천들이 끝이 보이지 않을 만큼 줄지어 있었다. '중생계, 현상계, 공간계 등의 내부 삼계, 외부 삼계'가 막힘없이 보였다. 중생계와 조건 속에서 중생들이 만들어 내는 현상계, 중생들이 머무는 공간계 등 외부의 삼계를 보았다.

'마음(識), 마음부수(受, 想, 行), 물질(色)'을 구분하여 보는 중생계와 마음, 마음부수, 물질이 생성과 소멸을 만드는 현상계, 의지하여 머무는 공간계 등 내부의 삼계도 보았다. 부처님의 공덕과 법의 공덕을 명료하게 알게 되었다.

웨부 사야도

Webu Sayadaw

웨부 사야도(1896년~1977년)

1896년 미얀마 중부 사가인州 인진빈 마을에서 태어났다. 9살에 법명(꾸마라)을 받고 사미계를 수지한 후, 교학을 체계적으로 배웠다. 1923년 27살에 바루와 가사 3벌만 지닌 채 수행의 길에 나섰다.

숲속 수행 중에 풍토병을 앓아 생사를 오가다가, 짜욱의 웨부에서 발견한 샘물로 완치되었다. 그 곳에서 정진하여 특별한 법을 성취하셨다. 사야도는 특히 장좌불와 수행과 두타행의 모범을 보이셨다.

사야도는 교학을 강조하지는 않았다. 하지만, 비구들을 위하여 계목지침서 『빠띠목카사라숟디』를 저술하셨다.

본문의 내용은 제자들이 녹음했던 사야도의 설법을 편집한 법문집에서 간추려 담은 것이다.

계행을 수지하고 완성하기 위해 채우고
수행한다면 각자의 목표를 원하는 대로 남김없이 성취할 것이다.

⚫   존재계를 이해하려 촌음을 아껴 정진한다면 겨냥한 목표를 성취할 수 있다. 부처님께서 계시던 황금시대의 수행자들은 직접 가르침을 받은 순간부터 불굴의 정진력으로 행주좌와를 끊임없이 관찰하여 목표를 성취하였다. 정확한 목표를 세우고 실행하는 사람은 성취한다. 투철한 의지가 돕는다. 쉬지 않는 정진력으로 이룬다.

활시위를 떠난 화살이 과녁을 향해 날아간다. 화살이 어떤 때는 느리게 어떤 때는 빠르게 날아가는가? 중간에 쉬면서 날아가는가? 그렇지 않다. 일정한 속도로 날아가 과녁을 뚫은 뒤 멈춘다. 그처럼 존자들께선 쉼 없는 노력으로 목표를 연이어 이루셨다.

선지식들은 근면, 정진력, 믿음을 확립한 뒤 수행 주제를 선택하고 소망하는 대로 도달하여 환희를 맛보셨다. 윤회계를 돌며 내내 지녔던 서원을 성취하셨다. 잠깐의 기쁨, 한 생의 환희에 그치지 않고 윤회계를 탈출하였다. 좋은 시대에, 수행할 수 있는 건강한 몸으로 태어나 훌륭하게 정진하셨기 때문이다.

부처님의 전능지, 벽지불의 지혜, 성문제자의 지혜 등 지혜의 종류는 다양하다. 목표한 과녁을 향해 멈추지 않고 날아가는 화살처럼 쉬지 않고 수행해야 한다. 수행이 피곤하고 괴로운 고통인가? 아니다. 부처님의 가르침을 따라 수행을 실천할수록 여태까지 몰랐던 행복을 누릴 것이다.

⚙ 남녀노소 누구나 태어나는 순간부터 숨을 쉰다. 들숨, 날숨이 콧구멍 입구에서 부딪치며 들어오고 나간다. 연달아 들어오는가? 끊어져서 들어오는가? 바람이 끊어지는가? 알아차림이 끊어지는가? 물질과 정신이 끊이지 않고 연속해서 일어나는가? 자주 끊기지는 않는가? 부처님께선 손가락 한번 튕기는 사이에 대상이 백만 번을 소멸한다고 일러주셨다. 숫자로 헤아릴 수 없다고 말씀하셨다.

이처럼 생성과 소멸이 빠르게 일어나는 것을 알아차려야 한다. 누구도 비견할 수 없는 자애와 연민심을 지닌 부처님께서 직접 꿰뚫어 보신 가르침이다. 명심해야 한다. 물질과 정신, 둘을 따로따로 구분하고 각자의 성품을 알아야 한다.

무상을 어떻게 아는가? 생겨나서 소멸하는 그대로 관찰해야 한다. 마음은 지켜보면 물질과 정신은 각자의 성품을 드러낸다. 무상을 어떻게 알아야 하는가? 숨 한 번 끝난 것을 무상이라고 인지하는 것도 맞기는 하다. 하지만 그 정도에 그쳐서는 열반은 짐작도 할 수 없다. 알고 싶다면 지금 이 순간에 계속 마음을 두어라. 점차 마음이 제 일을 할 것이다.

⚫　　　설탕은 달다. 하지만 한 번도 못 먹어본 사람은 그 단맛을 모른다. 소금과 생김이 비슷하다. 이런저런 특징을 읊는다고 단맛을 알 수 있겠나! 직접 맛보아야 안다. 설탕 맛을 본 사람은 '달다, 달다'라고 굳이 말할 필요가 없다. 말하지 않아도 이미 아니까.

물질과 정신도 그렇게 알아야 한다. '설탕처럼 달다'라고 하면 설탕과 소금을 착각하지 않는다. 물질과 정신은 항상 연속해서 생성하고 소멸한다. 아직까지 생멸을 모르는 이유는 한 번도 관찰하지 않았기 때문이다.

'이것이 물질, 이것이 정신, 이것이 사마타, 이것이 위빠사나…' 부처님께서 일일이 가르쳐 주신 대로 알고 있는가? 아마 뒤엉켜 뒤죽박죽일 것이다. 하지만 주의를 두고 관찰해 나가면 차츰 제대로 보인다. 그 자체는 따로따로 있다. 앞서가는 것은 앞에 있고, 뒤에 가는 것은 뒤에 있을 것이다.

● 부처님 설법의 요체는 '고통에서 탈출하는 방법' 그것 하나다. 다양한 방법과 갖가지 비유로 반복해서 훈계하셨을 뿐이다. 수많은 설법을 빠뜨리지 않고 떠올리자면 끝도 없다. 우리들의 지식과 이해력으로는 끝이 안 난다. '이것도 말씀하셨지, 저것도 말씀하셨고…' 부처님의 무수한 가르침의 핵심은 중생을 고통에서 벗어나도록 돕는 그것 하나뿐이다.

모든 설법의 목표는 고통에서 해탈시키는 방법, 하나뿐이다. 따라서 법문을 전부 기억할 필요는 없다. 이미 알고 있는 가르침만으로 충분하다! 이미 많이 알고 있지 않은가!

기억하는 가르침 중에서 하나만 선택하면 족하다. 목표를 세우고 강한 정진력으로 수행해 보면 알게 될 것이다. 관찰할 때, 대상을 이리저리 옮기지 말고 한 대상에만 마음을 두어라. 과거 선지식들처럼, 부처님의 올바른 가르침 하나만 선택한 뒤 대상을 관찰하고 정진하면 수행을 확립할 수 있다! 강력한 정진력으로 대상을 확립한 뒤 그 대상에 마음을 둔다면! 지금 바로 수행을 확립할 수 있지 않겠는가!

부처님께서 설하신 삼장은 너무나 방대하다. 하지만 핵심은 고통에서 해탈하는 길이다. 수많은 방법 중에서 자신이 좋아하는 하나를 선택하여 강력한 정진력으로 대상을 관하라. 이런저런 대상을 따라가려는 마음을 붙잡고 집중하면 수행이 전진할 것이다.

그렇게 관찰하는 동안, 고통을 일으키는 탐심이 어디 있는가? 진심이 있는가? 어리석음이 어디 있는가? 탐심, 진심, 어리석음이 없는데 두려움, 걱정, 피곤이 있겠는가? 없으니까 행복한가, 고통스럽나? 이처럼 부처님의 가르침을 대상으로 삼아 정진하면 정진근精進根에 힘차게 도달할 것이다.

'두어라'는 말 그대로, 자신이 알고 있는 올바른 하나를 수행 주제로 두고 지금 강력하게 정진한다면, 정진근이 즉시 일어날 것이다.

● 　계행을 수지하라. 계행을 닦고 지키면, 원하는 대로 이룰 수 있다. 현재와 윤회계 내내 지녔던 목표를 달성하도록 돕는 계행을 닦아라. 수많은 성인들은 '열반을 증득하길 기원합니다'라는 기도 하나로 지혜를 증득하셨다.

어떻게 완성될까? 좋은 시대, 좋은 생을 받았기 때문에 정진력을 세워 채워간다면 지체하지 않고 서원을 성취할 수 있다. 부처님의 가르침 하나를 마음에 새기고 바른 정진력으로 집중하면 된다.

알아야 할 것을 알고, 관할 것을 관하고, 인지할 것을 인지하고, 헤매지 않고 대상을 관찰하면 지혜의 선업이 일어날 것이다.

굳건한 정진력은 비바람을 막아주는 튼튼한 지붕과 같다. 탐심, 진심, 어리석음이 들어오지 못한다. 단, 지붕을 덮을 때는 대충 덮지 말고 여러 겹으로 튼튼하게 덮어야 한다. 선지식들은 부처님의 가르침을 받는 순간부터 행주좌와에서 한순간도 놓치거나 끊어짐 없이 정진하셨다.

남녀노소 누구나 숨을 쉬지 않는가? 앉아서도 서서도 걸을 때도 일할 때도 숨을 쉰다. 호흡을 멈출 때가 있는가? 멈추어서는 안 된다. 잠잘 때도 호흡한다. 들숨 날숨이 나가고 들어올 때 어디를 부딪쳐 나가는가? 코끝이나 콧구멍 입구를 스친다. 손가락을 코끝에 두면 가볍게 스쳐 가는 감각을 느낄 수 있다.

코끝, 콧구멍 입구를 통해 나가고 들어가는 그 느낌을 관찰하라. 굳이 입으로 '들숨, 날숨, 접촉, 알아차림' 하며 읊조릴 필요는 없다. 숨을 관찰할 때 탐, 진, 치가 있는가? 걱정이 있는가? 심지어 다리 아픈 것도 잊었지 않은가? 앉아서도, 서서도, 걸을 때도, 일할 때도 관찰할 수 있다. 이런다고 돈이 들겠나? 하는 일에 방해가 되는가? 고통스러워 못 하겠는가? 다른 사람이 알겠나? 언제 어디서든 누구나 할 수 있다.

해탈 하려면 물질과 정신을 관하라고 모두 말하지 않는가? 코끝이란 놈이 무엇인가? 물질인가, 정신인가? 코끝을 관념(빤냣띠)이라고 할 수 있다. 그러나, 촉감 물질(빠라맛타)이기도 하다. 반면 대상을 아는 것은 정신이다. 마음이 여기저기 다른 대상으로 헤매지 않도록 주의를 두고 관찰하면, 물질과 정신을 동시에 확실하게 알 수 있다.

물질과 정신을 구분하여 알아야 한다. 물질과 정신을 구분하여 명확하게 인지하면, 성성한 알아차림 덕분에 무명無明이 들어올 틈이 없다. 코끝에 마음을 두면, 앎(구분하는 앎) 때문에 무명이 도망간다. 둔다는 것은 지금 이 순간을 관찰하는 것이다. 놓치지 않고 계속해 가면 시간시간 순간순간이 달라진다. 지혜가 성성하면 어떻게 무명이 끼어들겠는가?

그렇게 관찰하면 무명을 이길 수 있다. 부처님의 가르침을 따르는 수행자는 '무명을 제압하기 어렵다'며 투덜댈 수 없다. 올바른 하나에 부처님의 가르침이 모두 포함되어 있다. 강력한 정진력이 확립되면 모든 것이 끝난다. [부처님의 가르침 중에서] 하나만 정확하게 실천해도, 탄탄한 지붕에는 비바람이 들이칠 수 없는 것과 같은 이치다.

⬤　　　성문 제자들은 부처님께 직접 가르침을 받아 새기고 따랐다. 마하가섭 존자의 장좌불와를 들어 봤는가? 고통에서 해탈하기 위해 부처님의 가르침 그대로를 따랐다. 얼마나 철두철미하게 지켰을까? 한순간도 행주좌와를 놓치지 않았다. 행주좌와가 무엇인가? 앉고, 서고, 걷고, 눕는 게 아닌가?

행주좌와 중 눕는 자세에서 혼침이 가장 덮치기 좋다. 혼침에 빠지면 계행, 사마디, 지혜가 어떻게 되겠나? 그래서 혼침이 적이다. 존자께서는 적이 침범할 틈을 안 주셨다. 혼침조차 버틸 수 없는 장좌불와를 택하셨다. 13가지 두타행을 전부 실행하셨다. 아예 눕지도 않았던 성문들께서 오히려 더 장수하신 사실을 알고 있는가?

한두 시간만 좌선해도 몸이 뻣뻣해진다. '밤낮이라면 얼마나 견디기 힘들까? 가능할까?'라는 의심이 들 수 있다. 뻣뻣하지 않은 자리를 찾으면 돌파구가 열린다. 자리에서 일어나라는 말이 아니다. 뻣뻣하지 않은 대상, 압박이 없는 곳으로 대상을 바꾸면 된다. 졸릴 때 한번 해 보라. 잠이 쏟아져도 혼침이 없는 자리는 있다.

매일 잠을 자지만 만족이 없다. 잠들고 싶다면 잠이 없는 자리를 찾아라. '쓰러져 잘 것 같다'는 사람에게 '일어나서 경행하라'는

게 아니다. 정진력을 세워 잠들고 싶지 않은 마음, 그 자리를 찾아라. 주의를 기울여 한번 해 보면 무슨 말인지 이해될 것이다. 단, 마음을 놓치지 않아야 한다. 놓치면 잠에 빠져 버린다. 만약 계속 머물 수 있다면 그게 장자불와 두타행이다. 선지식들은 밤과 낮 꼬박 하루를 채운 뒤, '하루 포살을 지켰다'라고 하셨다.

⬤ 　행주좌와가 이어져야 한다. 끊어지지 않도록 확립시켜야 한다. 부처님을 친견했던 수많은 왕과 장자들은 부처님의 가르침을 받아 지닌 순간부터 맡은 소임을 하면서도 수행을 연마했다. 셀 수 없는 일반인들도 부처님의 가르침에 따라 일상에서 수행을 연마했다.

인간 몸을 얻었는데, 허망하게 삶을 낭비할 수는 없지 않나? 단번에 어깨에 짊어지고 나아가야 하지 않겠는가? 과거의 선인들께서는 소임을 다하면서도 부처님의 가르침을 새기고 정진하며 자신이 확립한 것을 완수하셨다.

왕이나 장자들은 업무가 많고 복잡하다. 하지만 업무를 처리하면서도 가르침을 새기며 정진을 멈추지 않았다. 왕이 쉬는 시간이 많겠는가? 언제나 대신, 장군, 시종들, 사람들과 만나느라 시간이 부족하지 않겠는가? 그럼에도 부처님의 가르침을 새기면서 수행

주제를 놓치지 않고, 다른 대상에 끄달리지 않도록 알아차림 하였다.

그렇게 마음을 두면 고통을 일으키는 탐심, 진심, 어리석음이 들어올 틈이 있겠는가? 여러분도 대상에 마음을 집중하면 이룰 수 있다! 서서, 걸으면서, 먹으면서, 일하면서 수행할 수 있지 않겠는가?

찰나찰나, 순간순간 정진하면 법이 일어난다. 긴 시간 알아차림을 지속하면 행복해진다. 스스로 발전하고 고귀해지는 것을 자신이 제일 먼저 알게 된다! 그렇다.

'나는 지금 사람들과 회견하면서도, 가르침을 따르고 확립하고 있다. 계행, 사마디, 지혜가 발전한 덕분에 이렇게 행복하고 기쁘다'라고 말한다면 주변 사람들이 어떻게 생각하겠나? 아마 이런저런 소란이 일어날 것이다.

부처님과 경전과 선지식들의 가르침은 충분하게 배우고 듣고 기억하고 있다. 모든 것을 다 알 필요는 없다. 이해하는 것 중에서 자신이 선호하는 가르침 하나만 선택해 강력한 정진력으로 대상을 관찰하라.

신도: 큰스님, 법문을 듣는 저희들은 정진한 지 꽤 오랜 시간이 지났습니다. 그러나 어떻게 하는지 아직도 모르겠습니다. 적당히 짐작하는 정도에 불과합니다.

사야도: 그대들이 기억하는 것도 적지 않다. 그중에서 하나만 고르면 된다. 복잡할 게 없다. '경청하여 얻었고 이해하고 있고 영리하다' 이 중에서 하나만 고르면 된다. 너무 쉽지 않은가!

신도: 너무 많습니다.

사야도: 하나인데 쉽지 않은가, 많은 것도 아니다, 그 중에서 하나가 무엇일까? 답해봐라! 실재는 하나다! 하나만 따라가라!

신도: 그 하나를 고르는 것 때문에 논쟁이 일어납니다. 논쟁이 생기면 화가 나서 불선업에 빠지기도 합니다. 부디, 불선업을 짓지 않도록 지도해 주십시오.

사야도: 그의 선택과 내 선택이 다르다. 그렇지 않은가? 혹시 공통적으로 아는 것을 선택해서 같은 것을 함께 실행하고 싶은가? 그렇다면 논쟁 없이 일치하도록 누구나 알고 기억하는 것을 해 보자.

남녀노소 누구나 숨을 쉬고 있다. '저 사람은 숨을 쉬지만 나는 안 쉰다'고 할 수 없다. 모두 숨을 쉬는 점에서 일치한다. 또 숨을 쉴 때 어디로 쉬는가? 나도, 저 사람도 똑같은 코로 쉰다. 이것도 일치한다. 행주좌와에서 앉으면 숨 쉬고, 서 있을 때, 걸을 때는 호흡을 안 하는가? 잠잘 때는 생략하는가? 아니다. 누구나 항상 숨을 쉬고 있다.

호흡은 언제나 누구에게나 공통되는 대상이다. 그러니 맞다, 틀리다며 논쟁할 여지가 없다. 호흡을 함께 관찰해 보자. '바람이 어디를 스치며 나가는가, 어디를 스치며 들어오나'를 관찰하는 것은 누구나 지금 당장해 볼 수 있다. 그러니 이 주제는 논쟁할 여지가 없다.

관찰하기가 어려운 것도 아니다. 들어오고, 나갈 때 코끝을 가볍게 스치며 드나든다. 가만히 손가락을 대보면 바람을 느낄 수 있다. 마음이 망상을 따라가지 않도록, 코끝에 스치는 바람에 집중해 알아차려라. 이렇게 둔다면 그 자리에 있지 않는가?

알아차리는 순간, 어디에 고통이 있는가? 어디에 성냄, 어리석음이 있는가? 어디에 고통을 일으키는 불선한 마음이 있는가? 그런 것이 없다면 깨끗하지 않은가? 탐심, 진심, 치심이 깨끗하면 어떻게 두려움이 생기겠는가? 근심, 걱정, 두려움이 없으면 행복한 상태가 아닌가? 이렇게 정진력을 세우려고 노력하라. 고통을 일으키는 탐진치가 청정하기 때문에 고통이 있겠는가? 지금 당장 현재의 고통, 윤회의 고통을 벗어나지 않았는가? 이 청정함 덕분에 지금 이 순간 그대는 불법승 삼보를 친견하고 있다.

매 순간을 이렇게 지내면, 목숨이 다하는 순간에도 두려움, 근심, 걱정이 있겠는가? 지금 당장 현재의 고통, 윤회의 고통에서 벗어나지 않겠나? 정진력이 커질수록 이끄는 힘이 발휘된다. 그러면 지혜와 함께 열반에 들어가려는 목표에 가까워진다. 목표에 대한 의심이 일어나는가? 정진력을 확립하면 목표한 대로 반드시 성취할 수 있다. 마음이 이리저리 헤매지 않도록 집중하여 알아차리면 반드시 얻을 수 있다.

서서, 걸으면서, 먹고 마시면서, 몸을 돌보면서도 마음을 코끝에 둘 수 있다. 마음을 두는 일이 과연 피곤한 일인가? 돈이 드는가? 업무를 방해하는가? 사람들이 수근거리는가? 남이 뺏어가는가? 그렇지 않다. 부처님 시대의 사람, 천인, 범천들은 가르침을 받고 전심으로 새기면서 행주좌와에서 한순간도 끊어지지 않도록 연속해서 지켰다. 여러분도 그들처럼 할 수 있지 않는가?

사람들과 말하면서도 관찰할 수 있다. 말하느라 놓친다면 아직 정진력이 약해서 그렇다. 대상을 옮겼기 때문이다. 정진력이 약해서 놓친 것을 알았으면 '다음에는 결코 느슨해지지 않으리라'고 결심하라. 과거 선인들도 그렇게 하셨다.

지붕이 얼마나 튼튼한가는 폭우가 퍼부으면 절로 알게 된다. 비가 새면 지붕을 덧씌워야 한다. 여러 겹을 탄탄하게 덧대면 비가 들이칠 수 없다. 정진력도 마찬가지다. 확립한 줄 알았는데 자주 놓쳤을 때 너무 좌절하지 마라. 이제 알았으니 비가 들이치지 않도록 거듭거듭 덧씌우면 된다.

신도: 알아차림을 놓치지 않고 싶습니다.

사야도: 비바람과 햇빛을 막아주는 지붕 재료는 다양하다. 도기, 벽돌, 양철, 야자잎, 나무판자, 시멘트, 판넬 등 재료가 많다. 부처님의 가르침도 마찬가지다. 재료는 많다! 모두 비바람을 충분히 막아준다. 다만 제일 적당한 하나를 선택하는 것뿐이다. 지붕을 고쳤는데 비가 샌다면? 재료가 부실해서일까? 기술자가 서툴러서일까? 재료의 문제가 아니라, 지붕을 꼼꼼하게 덮지 않았기 때문이 아니겠는가?

부처님께서 설하신 모든 가르침이 고통에서 벗어나는 길이다. 핵심은 모두 같다. 지금 당장 가르침 하나만 지극정성으로 따르면 고통에서 벗어날 수 있다. 무슨 재료로 지붕을 덮었건, 공사를 꼼꼼하게 잘했다면 비가 새지 않는다. 그러니 정진력을 세워라. '경장, 율장, 아비담마, 오온, 12입처, 18계, 관념(빤낫띠), 실재(빠라맛타), 사성제, 유신견' 등등을 모두 영리하게 제대로 알고 있지 않느냐!

신도: 말로는 압니다. 하지만 호흡과 사성제를 어떻게 연결해야 하는지는 모르겠습니다.

사야도: 어이쿠! 그대는 사성제를 정확하게 언급하고 있지 않은가?

신도: 종잡을 수 없고 불확실하며, 잘 모르겠습니다.

사야도: 아니다. 정확하게 말했다. 단번에 정확하고 깨끗하고 솔직하게 둥근 해, 둥근 달을 가리키며 '이것은 태양이다, 이것은 달이다'라고 말할 수 있지 않은가?

신도: 말할 수 없습니다.

사야도: 말할 수 없다고? '모르는 것은 물질, 아는 것은 마음'이라고 하신 자애로운 분의 가르침을, 이렇게 상세히 기억하고 말할 수 있지 않은가? 할! 모르는 것은 물질, 인지하는 것은 마음이다. 그럼 코끝, 콧구멍이 물질인가? 마음인가?

신도: 코끝은 물질입니다.

사야도: 부딪치는 것을 아는 것은?

신도: 마음이라 말합니다.

사야도: 물질 28가지가 '무엇, 무엇'이라고 제법 길게 말할 수 있지만 지금 그런 걸로 골머리를 썩일 필요는 없다. 지금처럼 '코끝을 관찰하고 알아차려라!'고 말할 뿐이다. 물질과 정신 두 가지를 구분하여 관찰하고 알아차리고 있지 않은가? 이렇게 물질과 정신을

아는 것은 지혜인가, 무명인가? 지혜가 일어날 때 무명이 들어올 수 있는가? 지혜가 생기면 무명은 사라지지 않는가?

관찰할 대상과 방법을 알기 때문에 순간순간 알고 있지 않은가? 앉아서, 서서, 걸을 때, 먹고 마실 때, 일할 때, 사업할 때, 왕이 정사를 돌볼 때, 제석천왕이 하늘을 통치할 때… 누가 무엇을 하든 이렇게 알아차린다면 된 게 아닌가?

왕, 거부, 장자 모두 부처님의 가르침을 그렇게 따랐다. 그래서 자신들이 원하던 깨달음을 목표한 대로 성취했다. 엄밀히 살펴보자, 그대는 그렇게 관찰할 시간이 없는가? 있다. 그렇다면 그대도 선인들처럼, 소망하는 목표를 이룰 수 있다. 수행이 익어질수록 점차 발전할 것이다. 지금은 코끝 그 자리에만 마음을 두어라. 갈수록 힘이 커질 때, 무엇에도 비견할 수 없는 부처님의 가르침이 머무는 그 때가 머잖아 올 것이다. 그대 생각보다 더 쉬울 것이다.

또 이럴 수 있다. 내가 나이도 많은 데 '행주좌와가 어디 쉽겠나!' 라며 마음이 제멋대로 생각을 일으킨다. 부처님께서 '너는 나이가 많아서 안 된다'고 말씀하신 적이 있던가?
부처님께서 '마음이란 눈속임하는 마술사와 같다'고 하셨다. 가르침을 따라 수행하며 제법 시간이 지나면 '정말 마음이 잘 속이는구나!' 하고 스스로 알게 된다.

　만약 그대가 진짜로 얘기하고 싶은 주제가 있다면 몇 시간이나 계속 얘기할 수 있겠나?

　신도: 아마 밤새도록 얘기할 수 있습니다, 큰스님.

　사야도: 그럼 정진할 때는 얼마나 앉는가?

　신도: 5분만 지나면 뻣뻣해집니다.

　사야도: 에? 5분이라면… 그럼 한 시간에 열 번 정도 자세를 바꾸는가? 마음이 '뻣뻣하다, 자세를 바꾸라'고 하면 그대는 어찌하는가?

　신도: 견딜 수가 없으면 가만히 자세를 바꿉니다.

　사야도: 그게 마음에 속은 것이다. 마음에게 이렇게 말해야 한다. '어이! 지금 5분도 안 됐어. 아주 잠깐 앉았어. 네가 나를 속이는구나. 나는 아직 안 뻣뻣해. 그러니 선동하지 마라'고 꾸짖으면 마음이 알아듣는다. '네가 나를 속이는 것을 알았다'고 말하는 데 다시 속일 수 있겠는가? 적어도 조심을 한다. 그러니 이렇게 말해라! '네가 속이는 것을 내가 안다, 나는 밤새도록 자세를 바꾸지 않겠다'라고. 알겠나?

　그러면 마음이 '진짜 뻣뻣해. 아주 굳었어. 계속 있으면, 어떻게 되겠니? 통증이 극심해 질거야'고 위협할 것이다. 그러면 어떻게 답할 것인가?

신도: 자네! 나를 속이지 마라. 영화 볼 때는 같은 자세로 3시간도 끄떡없다. 왜 지금은 뻣뻣하다고 부추기나?'라고 꾸짖고 마음을 버리겠습니다.

사야도: 맞다! 그렇게 말하면 알아 듣는다. 부디 정진해야 한다. 여러분은 부처님의 가르침을 외면한 채 얼마나 시간을 낭비했는가? 감기나 이런저런 병 때문에 병원을 찾는가? 수행을 하다 병이 나서 병원을 찾는가?

신도: 세속에서 사느라 이런저런 병이 나서 갑니다.

사야도: 앞으로는 아프면 이렇게 말해라. '내가 전에는 먹고 마시며 일하느라 아파서 병원에도 갔다. 지금 이 수행을 하면서는 한 번도 아프지 않았다. 수행하면서 아프다면 기념으로 한 번쯤 아파 보고 싶다. 아픔을 알아차릴 기회가 아닌가!

그대들이여, 부디 수행으로 아파 보시라!

쉐우민 사야도

Shweoomin Sayadaw

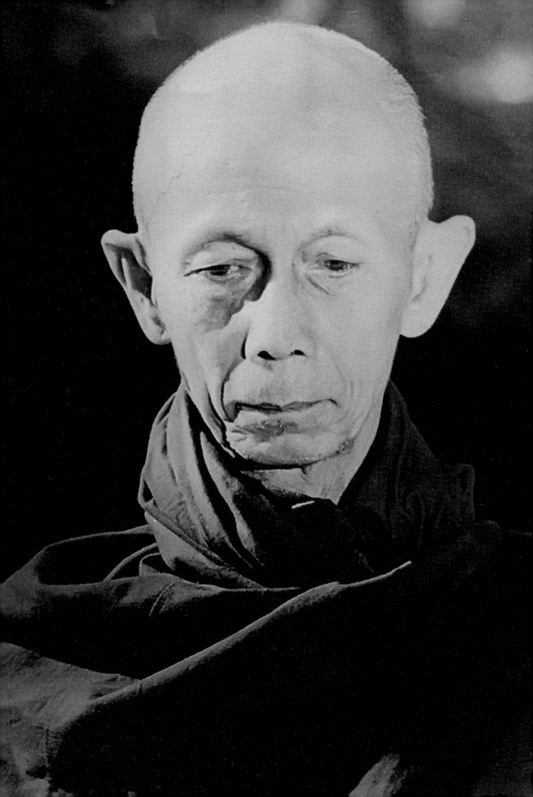

쉐우민 사야도(1913년~2002년)

쉐우민 사야도는 몬州 짜잇토에서 태어나 9살에 꼬살라란 법명으로 출가하셨다.

바고州 냐웅레빈에 있는 큰 강원으로 옮겨 당대의 큰 스님들께 교학을 심도 있게 배운 뒤 강사로서 후학을 양성하셨다.

35살에 또비따아쬬 사야도와 함께 카유에 산맥의 빠다나까용 숲속에 거처하며 레와따물라까띳와인 사야도를 친견하고 수행법을 사사하였다.

38살에서 48살까지 양곤 마하시 선원에서 마하시 사야도 방법으로 수행하신 후, 수행 법사로서 10년 동안 (38세~48세) 지도하셨다. 그 후 마욱옥깔라빠의 쉐우민또야에 주석하며 수행자들을 지도하셨다.

84살에 뻐따미야묘띳에 쉐우민 담마수카또야 사원을 건립하시고 수많은 내, 외국인 수행자들에게 마음 관찰 수행을 지도하셨다.

당신의 고향 목카마을에 '옥포 숲속 수행사원'과 많은 학교와 병원 등 건물을 지어 기부하셨다.

90세로 임종하실 때까지 마음 관찰 수행을 장려하셨다.

현재 쉐우민 센터는 법통을 이어받은 우때자니야 사야도께서 명상을 지도하고 계신다.

부처님의 가르침이 아무리 많을지라도

알아차림 속에 모든 것이 들어있다.

알아차린다면 죽지 않는 열반으로 가고

잊는다면 죽음으로 갈 것이다.

하루하루 잊는 것과 알아차림,

어느 것이 더 많은지, 자신이 가장 잘 알 것이다.

열반으로 가는 것과 죽음으로 가는 것,

어느 쪽이 더 많은가?

매순간 사띠를 챙겨라

죽음으로 내달려서야 되겠는가!

알아차림 하나다

알아차림이 8만4천 법문이다. 요약하면 37조도품助道品이다. 요약하면 팔정도이다. 팔정도는 계행과 관련된 正道 셋[바른 말, 바른 행위, 바른 생계], 사마디와 관련된 正道 셋[바른 노력, 바른 알아차림, 바른 집중], 지혜와 관련된 正道 둘[바른 견해, 바른 사유]이다. 팔정도를 간추리면 계·정·혜이다. 계정혜의 도구는 알아차림[사띠] 하나다. 감각根을 제어하는 사띠가 계행을 보호한다. 정행, 혜행도 지켜주는 으뜸 보호자이다.

사띠가 뒤에 있기 때문에 사마디가 조절된다. 사띠가 없는 사마디는 다루기 힘들다. 혼란스럽다. 정진력과 사마디가 균형을 잃으면 사띠가 일어나지 않는다. 사띠 덕분에 사마디도 균형이 잡힌다. 사띠가 없으면 지혜가 일어날 수 없다. 부처님께서 '사띠를 챙기는 것이 최선'이라고 말씀하셨다.

부처님의 법을 마음에 두어라

마음이 동요할 때마다 무상하다고[항상하지 못하고 변한다] 알아차리면 고요하고 평온해진다. 마음이 하자는 대로 따르지 말고 지혜에게 맡기면, 마음이 지혜의 지시를 따른다. 머리를 치켜들지 않고 고분고분 순종한다.

지혜로 마음을 관리하면 심념처(찟따누빠사나) 수행이다. 심념처를 수행하면 마음의 근원을 상세하게 알게 돼 마음을 이길 수 있다. 좋은 사람을 만나든, 미운 사람을 만나든, 마음이 요동치지 않도록 지혜로 관리하는 것이 찟따누빠사나[심념처]다. 일어나는 마음, 요동치는 마음을 소멸의 법으로 관하면 마지막 순간도 미소로 맞이할 수 있다. 물질과 정신을 객관적으로 알 수 있다. 나에 대해, 그에 대해, 사람에 대해 전보다 잘 알게 된다. 마음이 깨끗해져 기억력도 좋아진다. 기억력 증진에 유익한 수행법이다.

⬤   아침 햇살이 온종일 비추진 않는다. 햇살이 빛날 때 정진하라. 달빛이 밝을 때 물레를 돌려라. 자신의 삶을 소중히 여긴다면, 시간을 쓸모없이 낭비하지 마라. 시간이 바로 생명이다. 이미 흘러가 버린 시간은 무엇으로도 되돌릴 수 없다.

⬤   상체를 곧추세우고 머리를 똑바로 들어라. 집중하지 마라. 사띠로 균형을 잡고 일어나는 것을 관찰하라. 수행은 지혜를 키우는 선업이다. 수행한다고 강하게 제어하지 마라. 팽팽한 긴장을 풀어라. 억누르지도 마라. 성품 그대로 아는 것이 정견이다. 사띠를 두어라. 사띠가 있으면 계행이 충족되고 사마디도 조화를 이룬다.

사띠와 도道는 부합한다. 사띠 덕분에 마음이 청정해진다. 깨끗한 마음에서 청정한 견해가 나온다. 계 청정에서 마음 청정이 일어난다. 청정한 마음을 바탕으로 '앎과 봄의 청정[냐나닷사나위숟디-여실지견]'이 차례로 일어나면, 물질과 정신을 구분할 수 있다. 원인과 결과가 보인다.

대상과 아는 것, 대상과 관찰하는 마음, 둘 뿐이다. 다른 건 없다. 알아차릴 대상이 있기 때문에 알 수가 있다. 자아를 집착하는[아견] 이들은 내가 행동하고, 생각하고, 말하고, 느끼게 만든다고 믿는다. 실제로는 보고, 듣고, 냄새 맡고, 먹고, 생각하도록 실행시키는 주체나 자아란 어디에도 없다. 대상과의 접촉으로 인해 아는 것이 일어날 뿐이다. 원인이 있어 결과가 드러난 것뿐이다. 원인과 결과뿐이다. 명백하다. 초보 때는 '나, 내 것'이라며 집착하지만, 이는 사건이다.

● 일어나는 순간을 알아차리지 않으면 물질과 정신은 덩어리가 되어 집착이 들어온다. 정말 나라고 착각하며 사건에 집착한다. 일어나는 순간을 알아차리고 관찰하면 물질과 정신의 덩어리에서 벗어날 수 있다. 물질과 정신이 무상의 고통에 있음을 아는 지혜가, 집착을 벗어난 사띠다. 집착이 사라지면 도의 길이 열린다. 열반에 도달한다. 열반에 이르는 길은 이 수행뿐이다.

● 항상 주목할 것은 생멸이다. 지나가 버린 것을 관하지 마라. 알아차리는 마음 또한 생멸이다. 알아차릴 대상과 아는 마음, 일어나는 것과 알아차림은 쌍으로 생멸한다. 생겨난 뒤 소멸한다. 생겨나고 사라지며 괴롭히기 때문에 나쁘고 쓸모없다. 육 척 몸 덩이에는 물질과 정신, 둘만 일어나고 사라진다. 그런것을 '내 영혼, 나, 내 것…'이라고 한다. 도대체 그 '내'가 어디에 있는가?

알아차릴 대상(물질)과 알아차리는 정신을 의지처로 일어나는 것뿐이다. 어디에도 '나'는 없다. '내'가 아는 것이 아니다. 일어나는 실재를 그대로 알 때 집착에서 벗어난다. 집착이 사라지면 바른 앎,

도의 길이 열린다.

◉   양극단의 그릇된 길을 벗어나라. 중도가 바른 길이다. 바른 길로 가야 앎을 관통한 지혜가 열반으로 이끈다. 삿된 길로 가면 고통이 따른다. 바른 길로 가면 적멸한 지복, 열반에 이른다. 올바른 길이 도의 길이다. 사띠로 밀착하는 것이 정념(바른 사띠)이다.

◉   정진하는 정정진(正精進, 바른 정진), 집중하는 정정(正定, 바른 사마디), 관하는 마음을 대상 쪽으로 보내어, 대상을 반복해서 취하는 정사유(正思惟, 바른 숙고, 위딱까), 대상을 잘 취하는 정사유로 인해 생멸을 바르게 보는 정견(正見, 바른 견해)이 올바른 앎으로 일어난다. 도의 길로 이끄는 다섯 일꾼이다. 정견이 깃든 알아차림 하나하나가 열반으로 한 발 한 발 인도한다. 정견으로 알아차려라. 사띠를 챙기면 열반으로 이끄는 정견이 일어난다. 사띠가 끊어지지 않고 이어지도록 노력하라.

> 관하는 마음을 대상 쪽으로 보내어, 대상을 반복해서 취하는 정사유

> 대상을 잘 취하는 정사유로 인해 생멸을 바르게 보는 정견(正見, 바른 견해)이 올바른 앎으로 일어난다.

이 사띠는 주의, 집중이 아니라 정념(바른 사띠)이다. 행동마다, 일마다, 물질과 정신이 일어날 때마다 알아차

리는 사띠다. 이 사띠가 끊어짐 없이 이어지는 수행자는 정념(바른 사띠)을 바탕으로 팔정도를 증폭시킨다. 정견(바른 견해)이 지속되면, 계행의 도(정어, 정업, 정명)가 완성된다. 팔정도가 증장되면 알아차림 하나하나가 열반으로 인도한다. 찰나 생멸로 그렇게 수행하면, 도착할 일만 남는다.

● 사띠는 명상 센타에서만 챙기는 게 아니다. 집에서도 챙겨야 한다. 언제나 어디서나 챙겨라. 사띠를 놓치면 어떻게 되나? 불선업을 짓는다. 사띠를 놓치는 순간 탐심, 진심, 어리석음이 자리를 꿰찬다. 그 순간부터 어리석음에 빠진다. 사이사이에 탐심, 진심이 끼어든다. 온종일 그렇게 보내서야 되겠나? 사띠는 언제, 어디나 둘 수 있다. 운전할 때도 사띠를 챙길 수 있다. 먹고 마시고 요리할 때도 사띠를 챙길 수 있다. 요리하다가 법을 얻을 수도 있다. 먹고 마시다가 법을 얻을 수도 있다.

집중만 강해지면 사띠가 경직된다. 강하게 밀어붙인다고 사띠가 생기는 게 아니다. 사마디에 압도당한 사띠는 관념(빤냣띠)에 빠지게 된다. 인위적인 관념만 알게 될 뿐이다. 실재(빠라맛타) 생멸을 숨겨 버린다. 자연스럽게 있는 그대로 의식을 두라. 사띠를 얻으려고 용을 쓰면 탐

집중만 강해지면 사띠가 경직된다.

심, 못 얻어서 애가 끓으면 진심瞋心, 생긴 줄도 모르면 치심이다. 수행자가 할 일은 사띠 챙기기 그것뿐이다. 사띠가 있으면 나머지는 사띠가 알아서 한다. 법이 저절로 제 일을 한다.

● 　오온이 일어날 때마다 사띠를 두면 무슨 일이 벌어지는지 알게 된다. 사띠라는 경비가 사라지면 무방비 상태가 된다. 위험이 닥치거나 적이 포위할 수 있다. 마음이 일어날 때마다 사띠로 알아차려야 마음을 보호할 수 있다.

　그러면 근심, 불안, 괴로움, 산만함 등 번뇌의 적들이 훼방을 놓을 수 없다. 사띠, 사마디, 지혜로 제 마음을 지키는 사람은 번뇌의 마왕, 마라의 손아귀를 벗어날 수 있다. 사띠, 사마디, 지혜가 없는 마음은 어리석음의 번뇌가 점령해 버린다. 번뇌의 마라가 덮친다. 어리석음의 마라에 점령당한 채 망상하고, 망각하고, 궁리하고, 근심하며 방황한다. 마음과 몸이 천근만근 무겁고 걱정, 피로, 고통으로 녹초가 된다. 번뇌의 적은 즉각 괴롭힌다. 왜 그럴까? '괴로운 번뇌'라고 생각만 해도 업이 벌떡 일어나 날뛰기 때문이다. 그렇게 되도록 방임한 결과다. 어리석음의 번뇌가 끼어들게 허용했기 때문이다.

윤회하는 동안 늙음이 헤아릴 수 없이 이어졌다. 병듦도 끝이 없었다. 죽음도 헤아릴 수 없었다. 눈물도 마를 새 없었다. 마음과 육신이 괴로움과 고통의 수렁에서 허우적거린 이유는 다른 게 아니다. 번뇌의 마라에 잡혀 신업, 구업, 의업이 마음대로 날뛰었기 때문이다. 사띠를 챙겨 알아차리면 사띠, 사마디, 지혜가 일어나 그 불길을 재운다.

⬤   흘러가는 물길은 범부의 마음과 흡사하다. 거센 물살처럼 사람들 마음에 번뇌가 들이친다. 우기에 하천을 흐르는 물살을 보라! 얼마나 위험한가? 보이는 대로 바로바로 알아차리고 수행하지 않으면 번뇌의 물길에 휩쓸린다. 귀, 코, 혀 등을 동원해 먹고 마실 때, 좋아하며 탐닉할 때마다 번뇌의 물길에 휩쓸려 떠내려간다.

> **사띠는 번뇌의 물길이 들이치지 못하게 가볍게 막는 정도다**

좋아하는 것을 갖지 못하면 진심嗔心 번뇌에 휩쓸린다. 물살에 떠내려가려는 마음을 어떻게 막을 것인가? 사띠로 물길을 막아야 한다. 지혜(생멸)로 물길의 흐름을 끊어야 한다. 사띠는 번뇌의 물길이 들이치지 못하게 가볍게 막는 정도다. 멸을 다시 확인하는 알아차림이 뒤

> **멸을 다시 확인하는 알아차림이 뒤따라 흘러가지 못하게 막는다.**

따라 흘러가지 못하게 막는다.

도지혜, 과지혜, 열반을 증득하면 번뇌의 물길이 완전히 말라 버린다. 도지혜, 앎의 지혜를 얻으면 사견, 의심의 번뇌가 다시는 못 일어난다. 흘러 들어갈 틈조차 찾을 수 없다. 단계적으로 도·과가 올라가면 번뇌에서 해방될 수 있다. 그렇게 될 때까지 정진하라. 지금은 한 순간, 한 찰나만 끊어지는 것이다! 영속(윤회)은 아직 끊어지지 않았다. 영속(윤회)이 끊어지도록 노력하라!

● 여태까지는 태어나 늙고 병들어 죽는, 생로병사를 맴도는 고통을 벗어날 수 없었다. 태어나서 또 다시 탄생의 일만 찾아갔기에 또 태어났다. 이번 생은 물론, 윤회하는 내내 고통이 끊이지 않았다. 탄생이 없다면 좋은 것이다. '태어남-일어남이 없으면 늙음, 죽음도 없다'라고 지혜로 새겨라. 생을 허물로 보고 벗어나면 좋다'라고 새겨라.

태어남이 고통과 허물로 보이면 벗어날 길을 찾게 된다. 탄생을 숙고해 허물을 보고 길을 찾으면 열반에 이를 수 있다. 탄생의 허물을 숙고하는 지혜가 생기면 해탈하려는 마음이 일어난다. 생을 쫓지 말고 열반을 지향해야 한다. 열반부터 찾는 수행자들도 있다. 하지만 탄생의 고통을 먼저 봐야 한다. 일어날 때마다, 사라질 때마다, 태어날 때마다, 소멸할 때마다 알아차려야 한다. 법을 보려면 먼저 태어남의 허물을 봐야 한다. 허물을 알아야 벗어날 수가 있다. 탄생이 고통(고성제)이다.

● 　태어나면 돌보고 양육하는 고통이 기다린다. 탄생 때문에 늙음과 죽음이 시작된다. 태어나는 순간부터 고통이 차례로 더해진다. 이런데도, 탄생에서 벗어날 생각이 없는가? 허물을 알아야 벗어날 수 있다. 물질과 정신이 일어날 때마다 알아차려야 한다.

법을 관하면 태어나지 않는 적멸한 열반에 도달할 수 있다. 열반에 도착해야 모든 고통에서 해방된다. 부처님께선 수메다 전생에서 '탄생, 늙음, 죽음, 생성, 파괴가 없고 생멸의 고통과 위험이 그친 열반에 도달하는 길을 반드시 찾을 것'이라고 발심하셨다. 가진 재산을 모두 버리고 수행자가 되어 탄생이 없는 열반을 찾아 전력투구 하신 끝에 마침내 부처님이 되셨다.

● 　번뇌를 내버려 두면 적이 공격해 몸과 마음이 괴로워진다. 반면 번뇌를 관찰하는 사람은 몸과 마음이 고요한 경안각지(몸과 마음의 평안)가 된다. 고요한 몸과 마음에서 사마디가 강화된다. 사마디가 좋은 수행자는 실재를 볼 수가 있다.

물질과 정신만 있다. 알아차릴 대상과 알아차림만 있다. 자아라는 건 없음을 바르게 안다. 원인과 결과만 있다. 사견에서 벗어나 아무 것도 창조할 수 없음을 안다. 물질과 정신은 변화하고 파괴될 뿐이다. 생성과 소멸을 아는 지혜로 무상을 본다. 생멸을 보고 알기 때문에 혐오하는 지혜를 얻는다.

◉   대상을 과대평가하지 마라. 가치를 둘 이유가 없다. 어떻게 파괴되고 없는 것을 좋아하고 애착할 수 있겠나? 지금 생겨나고 지금 파괴되는 것을 알 뿐이다. 있는 그대로, 진실을 알기 때문에 생멸에는 견실한 본체가 없음을 새기며 생멸을 관찰하라. 생멸을 혐오해야 생멸의 끝, 지혜에 도달할 수 있다. 생멸의 이 기슭을 건너 생멸이 없는 저편으로 갈 수 있다.

열반이 저편 기슭이다. 생멸은 조건 지워진 현상계다. 생멸이 없는 곳은 조건을 벗어난 무행계[열반]다. 그곳이 생멸을 보고 생멸을 혐오하는 생멸의 끝이다. 번뇌를 해탈한 곳이다. 집착을 벗어난 도지혜, 해탈의 과지혜, 해탈지견, 되돌아보는 성찰 지혜다. '오, 벗어났구나! 적멸하다!' 번뇌의 고통을 벗고 다시 숙고하면서 한 단계 한 단계 올라간다. 갖가지 사건에 포박된 채 갈애의 물살에 휩쓸려 떠내려가지 마라. 갈애의 물살에 휩쓸리면 고통의 바퀴를 헤어날 길이 없다!

●   눈이 틀렸고, 귀가 틀렸고, 코가 틀렸고, 혀가 틀렸기 때문에 먹고 마시는 것에서 '내가 먹는다. 좋은 음식을 먹는다! 나니까 양껏 누릴 수 있다!'라며 뻐긴다. 집착과 사견에 포박된 채 갈애의 물살에 떠내려가며 혼미한 불행에 빠진 줄도 모른다.

사견의 포박을 풀어야 고통의 바퀴를 벗어난다. 사견을 벗으려면 진실을 아는 정견이 일어나야 한다. 정견이 열반으로 이끈다. 고통의 소용돌이에 휩쓸리면 사견의 길이다. 정견은 고통의 소용돌이를 헤쳐 나오는 길이다.

수행으로 정견이 일어난다. 법의 성품을 알아야 정견이 일어난다. '나, 내 것'이 아니다. 알아차림이 연속해서 일어나도록 노력하는 것이 정진 도道다. 마음이 대상으로 똑바로 가서 집중하는 것이 사마디 도이다.

대상에 알아차림을 보내는 것이 정사유(삼마상깝빠)다. 배달을 얼마나 잘 보내느냐에 따라 정견(생멸)이 일어난다. 실재를 알게 되면 그릇된 족쇄, 사견의 포박이 풀린다. 실재를 알고 포박을 풀면, 갈애의 급물살에 휩쓸리지 않는다. 진리를 아는 정견이 열반까지 데려다줄 것이다.

> 대상에 알아차림을 보내는 것이 정사유(삼마상깝빠)다. 배달을 얼마나 잘 보내느냐에 따라 정견(생멸)이 일어난다.

⚜️   비구는 고요하고 평화로운 선근을 지닌 사람이다. 겸허하게 지내야 한다. 기묘한 소동을 일으키는 사람이 아니다. 겸허한 마음을 키워 성냄과 교만을 벗어야 한다. 비구의 검소하고 질박한 삶보다 더 훌륭한 치장은 없다.

뜻을 높이 세우고, 신실하게 수행하고, 꾸준히 실천하라. 소박하게 살고, 선한 마음 선한 뜻을 벗하라. 그가 비구의 삶을 즐기는 선남자다.

타인을 의지하지 말고, 자신을 의지하라.
다른 것에 의지하지 말고 자신을 의지하라.
수행 정진하라.

⚜️   사람, 주변, 소리, 냄새, 형상, 맛, 접촉은 없애야 할 것이 아니다. 단지 일어나는 번뇌만 제거해야 한다. 부처님과 법과 승단에 헌신하며 몸, 말, 마음의 세 가지 업을 짓지 않고 참되게 수행하는 것이, 겸허한 수행(사미찟빠띠빤노)이다. 사마타의 대상은 관념(빤냣띠), 위빠사나의 대상은 물질과 정신이다. 사마타는 사마디와 선정의 길이고, 위빠사나는 지혜의 길이다.

⚜️   물질과 정신을 알기만 하면 끝날까?

물질과 정신을 그저 알아보는 정
도, 구분하는 정도로는 위빠사나 지
혜에 도달할 수 없다. 물질과 정신이
생멸하는 성품을 능통하게 알아야
위빠사나 지혜에 도달할 수 있다.

물질과 정신을 그저 알아보는 정도,
구분하는 정도로는 위빠사나 지혜
에 도달할 수 없다.

◉   사띠빳타나[알아차림 명상] 수행은 지혜 선업이 일하는 것
이다. 업 선업과는 비교할 수가 없다. 특별한 결과, 열반의 행복으
로 이끄는 지혜다.

◉   알아차림이 없는 망각은 시간과 힘을 가장 크게 훼손한
다. 믿음의 힘, 정진의 힘, 사마디 힘, 지혜의 힘도 잃어버린다. 열반
을 얻을 귀한 시간을 아껴야 한다. 도지혜, 과지혜를 얻을 수도 있
는 귀한 시간이다. 망각하고 부주의하면 삶이 힘을 잃는다.

◉   법을 지키면 법이 보호해 준다. 투철하게 지키는 만큼
행복을 얻는다. 전심으로 수행하면 사악처를 벗어나 행복을 누릴
수 있다.

◉   법이 없다면, 마음은 어떤 대상과도 어울리지 못한다.
대상이 모두 적이 된다. 소리가 없으면 침묵과 싸운다. 마음이 불

만족하다. 게걸스럽게 먹는다. 걸핏하면 싸운다. 대상과 마음이 소통하려면 사띠를 둬야 한다, 법이 보호한다. 사띠를 팽개치고 망각한 채 살면 탐심, 진심, 치심의 불덩이에 타버릴 것이다.

⚬   통증 따로, 나 따로, 쑤시고 저린 것 따로, 나 따로… 이렇게 따로따로 봐야 한다. 나라는 건 없다. 아픈 성품을 지닌 법, 변화하는 법만 있을 뿐이다.

알아야 할 것과 아는 것, 둘 뿐이다. 어디에 있나? '나'라는 놈이 어디 있나?

알아야 할 것과 아는 것, 둘 뿐이다. 어디에 있나? '나'라는 놈이 어디 있나? 거듭 점검하면 견해가 정리될 것이다. 물질과 정신이 생겨나고 파괴되고 소멸되는 것을 보면 견고하고 항상한 것은 아무 데도 없구나 하고 진실을 알게 된다. 진실을 알면 거짓에서 벗어난다. '지금 생겨난 것도 이미 과거가 되어 파괴된다!'고 진실을 있는 그대로 알게 된다.

⚬   물질과 정신만 있음을, 있는 그대로를 알기 때문에, 윤회하는 존재인 '나, 자아'란 그릇된 견해임을 알고 청정해진다. 실재를 있는 그대로 알게 된다. 없음을 알고, 있음을 알아가면서 견해가 청정해진다. 알아차려라. 없는 것은 없다고 알아차려라. 있는 것을 있다고 알아차리면 그릇된 앎과 사견에서 벗어난다. 깨끗하게

사라질 것이다.

⚫ 　　　좋든 싫든 사띠뿐이다. 몸에서 일어나는 모든 것에 사띠를 두라. 마음에서 일어나는 모든 것에 사띠를 두라. 처음에는 코 끝에 사띠를 두라. 숨이 나갈 때마다 알고, 들어올 때마다 알아차려라.

밀려드는 느낌을 알고, 밀고 나가는 접촉을 아는 것이다. 실재를 아는 지혜가 일어날 것이다. 일어나면 일어나는 그대로 아는 것이 위빠사나다. 그저 일어나는 대로 지켜볼 뿐이다.

알아차리기 때문에 [육근 통제 등의] 계행이 보호된다. 사띠가 있으니까 사마디와 균형이 잡힌다. 사띠가 있기 때문에 대상을 실재 그대로 알 수 있다. 사띠를 챙기는 순간순간이 계·정·혜 삼학을 닦는 것이다. 삼학을 지닌 사람은 인간과 천인들이 머리 숙여 공경하는 고귀한 사람이다.

⚫ 　　　질병과 마음을 구분하라. 병에 걸려 저림, 통증, 뻣뻣함 등 증상이 나타나면 괴로운 마음이 일어난다. 질병 자체를 관찰하기는 벅차다. 마음의 느낌만 관찰하라. 질병과 괴로운 마음을 따로따로 알아차려라. 질병과 견디기 싫어하는 마음은 연관이 없다.

마치 구경꾼처럼, 환자를 대하는 의사처럼 관찰하라. '나'와 뒤섞이기 때문에 고통에 함몰된다. 아프고 견딜 수 없고 자세를 바꾸려는 마음, 견디기 싫어하는 그 마음만 알아차리면 된다.

⚫   물질과 정신만 실재다. 그럼에도 '내가 수행한다, 내가 관찰한다, 내가 알아차린다, 내 수행이 특출나다, 내 사마디가 훌륭하다'라고 한다. 사띠를 챙기지 않기 때문에 '나, 내 것'이라며 집착을 키운다. 사띠를 놓치면 수행이 나아질 수 없다. 바른 알아차림, 바른 앎을 지닌 사람은 실재를 있는 그대로 본다. 집착이 비집고 들어올 틈이 없다.

⚫   고요함만 관하면 사마타 수행이다. 삼법인[무상, 고, 무아]을 알고 관하면 위빠사나 수행이다. 물질과 마음의 법이 일어나는 모습, 소멸하는 모습을 관찰한다. 이 성품을 보면 견고할 수 없음을 알게 된다. 생멸이 괴롭기 때문에 나쁘다고 알게 된다. 집착하고 좋아할 게 없음을 알게 된다. 이렇게 아는 지혜가 실재를 아는 선업 지혜다.

⚫   삶의 업장을 벗는 길은 사띠 밖에 없다. 다른 도구는 없다.

⚫ 　수행은 헤매는 마음을 붙들어 매는 게 아니다. 헤매는 것을 알아차릴 뿐이다. 요동치는 마음을 알아차릴 뿐이다. 달아나면 달아나는 줄, 망상하면 망상하는 줄, 궁리하면 궁리하는 그대로 알아차릴 뿐이다. 알아차리면 됐다. 고요해지도록 만드는 게 아니다. 고요함, 적정, 청정 등을 갈망하는 것은 명상이 아니다. 고요함이 좋은 것이라고 집착하지 마라. 그저 알아차릴 뿐이다. 좋든 나쁘든 고요하든 소란스럽든 그저 알아차릴 뿐이다.

⚫ 　'어리석은 마음과 사나운 황소처럼 날뛰는 대상을 사띠의 밧줄로 말뚝에 단단히 묶어라'는 말이 있다. 어리석은 마음은 거친 황소와 같다. 소를 말뚝에 묶는 것처럼, 어리석고 거친 마음은 사띠의 밧줄로 묶어 말뚝에 매어 두어야 한다. 어디에 묶어야 할까? 코끝을 관하는 사람은 코끝이 말뚝이다. 몸 전체가 말뚝이다. 무엇을 묶어야 할까? 마음이 수행 주제만을 맴돌도록 단단히 묶는다.

　대상을 말뚝에 묶는 것은 정진력이다. 집중해서 관찰하면 마음이 제멋대로 날뛸 수 없다. 이리저리 방황하는 빈도가 점점 줄면서 대상에 집중한다. 요동치는 마음으로는 물질과 정신의 실재는 알아차릴 수 없다. 집착은 요동치는 마음에 숨어든다.

⬤　　정진을 해야 마음이 순백의 스카프처럼 깨끗해진다. 번뇌와 결합하면 애타고 지치고 괴롭게 물든다. 정진을 해야 마음이 탐심, 진심, 치심의 번뇌들과 붙지 않는다. 청정한 마음이 일어나도록 항상 사띠를 챙기며 살아야 한다.

⬤　　진실로 열반의 행복을 안다면 인간, 천인, 범천의 행복 따위는 단호하게 버릴 것이다. 진짜로 사악처의 고통을 보면 탄생, 늙음, 병듦, 죽음, 자질구레한 고통을 단호하게 이겨낼 것이다.

⬤　　과거 생이 좋았기 때문에 이번 생이 좋은 것이다. 지금 잘 살면 다음 생도 좋을 것이다. 과거가 나빴기 때문에 지금이 힘겹다. 지금 생을 잘못 살면 다음 생은 더 어려워질 것이다.

⬤　　알아야할 대상과 알아차리는 마음을 세밀하게 봐야 한다. 그 순간이 맞아 떨어지지 않으면 실재(빠라맛타)가 아니다.

삿담마란시 사야도

Saddhammaransi
Sayadaw

삿담마란시 사야도(1921년~2011년)

삿담마란시 사야도는 9살에 꼰달라란 법명을 받고 출가하여 체계적으로 교학을 수학했다. 학승 고시의 최고 단계를 통과한 아비왐사로서 후학 양성에 힘을 쏟으셨다.

1977년 마하시 명상센타에서 마하시 사야도의 지도를 받아 수련하셨고, 1978년부터 수행 지도를 하셨다. 1979년 양곤에 삿담마란시 사원을 건립하시고, 마하시 명상 수행법의 지침과 체계를 설법하셨고 명상 수행법을 설명하신 설법을 묶어 여러 책으로 출판하셨다. 91세에 입적하실 때까지 수많은 국내외 수행자들에게 마하시 명상법을 전파하셨다.

조건에 따라 형성되는 물질과 정신에는 오직 생멸만 있다고 관해야 한다

위빠사나 수행자는 오온, 즉 물질과 정신은 생겨나는 순간 사라지는 것을 알아야 한다. 이를 마음에 새기고 증식시키면 오근(인드리야 - 통치, 압도하는 힘)이 청정해질 것이다.

오근(믿음, 정진력, 사띠, 사마디, 지혜)이 청정해지면 수행이 발전한다. 반면 오근이 미약한 수행자는 법의 성품을 볼 수가 없어 수행이 진전되기 어렵다.

초보 수행자는 물질과 정신이 찰나찰나 소멸하는 모습을 볼 수가 없다. 사마디가 미약해서 파괴되는 순간을 볼 수도 없다. 하지만 '실재는 생겨나는 순간 파괴된다'라고 마음에 새기면서 더욱 정진해야 한다.

사마디가 커지면, 부풀고 꺼지는 바람의 성품이 보일 것이다. 구부렸다 펴는 한 동작이 각각으로 분절돼 사라지는 것을 볼 수 있다.

몸과 마음에서 쉼 없이 생겨나고 소멸하는 법을 보려면 주의 깊고 겸허한 마음으로 집중해야 한다. 그래야 오근(인드리야)이 청정해져 수행이 진전될 것이다.

바른 방법으로 관찰하여 바른 길로 들어서야 한다. 사띠빳타나 (관법) 설명처럼 걷고, 서고, 앉고, 눕는 행동 하나하나를 알아차려라. 일어나고 사라지는 순간순간을 보려고 노력하라. 지금은 불법이 서양으로 퍼지며 주목받는 시절이다.

한 신도가 오온이 무엇입니까?라고 물었다. 경장으로 탐구해 보자.

부처님께서 느낌을 수면에 떨어지는 빗방울에, 지각은 신기루에, 형성(행)은 바나나 나무에, 의식은 마술에, 물질은 거품 덩어리에 비유하셨다. 오온의 덧없음을 위와 같이 비유하시자, 수많은 사람들에게 오온을 아는 지혜가 일어났다.

강, 호수에 비가 내린다. 떨어지는 빗방울은 수면에 닿는 순간 사라진다. 하늘에 머물지도 않는다. 순식간에 떨어져 내리고 순식간에 사라져 버린다. 이런 이유로 느낌을 빗방울에 비유하셨다.

지각은 희고, 붉고, 얼룩지고, 줄무늬, 꽃무늬, 나무, 바위, 산 등으로 마음이 새기고 기억하는 것이다. 사막 여행자가 홀연히 나타난 호수로 착각하는 신기루는 환시幻視 환영幻影이다. 지혜가 뒷받침되지 않은 지각은 신기루와 같다. 신기루는 중생들을 기만한다. 이런 이유로 지각을 신기루에 비유하셨다.

형성(행)은 바나나 나무에 비유하셨다. 바나나 나무는 파초라서 심대가 없다. 껍질을 한 겹 한 겹 끝까지 벗겨도 중심 기둥이 나오지 않는다. 형성(行-탐심, 진심, 어리석음, 시기, 교만, 신심 등의 마음부수 50가지가 있다)은 저마다 각기 다르다. 여럿이 모였지만 견고한 중심 기둥이 없다. 그래서 형성(행) 50가지를 바나나 나무에 비유하신 것이다.

부처님께서 의식(識)은 마술에 비유하셨다. 마술을 본 적이 있는가? 마술사의 현란한 기술이 닿으면 돌멩이가 금덩어리로 보인다. 하지만 속임수에 불과하다. 의식도 그와 같다.

물거품은 생겨나는 순간 사라지고 부서진다. 항상하지 않은 무상한 것이다. 물거품이 갠지스강을 따라 떠내려간다. 제법 멀리 떠다니다 부서질 수도 있다. 하지만 두물머리에서 파도를 만나면 어떻게 버티겠는가? 꺼져 버린다. 이런 물거품이 영원할 순 없다.

부처님의 비유처럼, 중생은 입태되는 순간 죽을 수 있다. 100년을 산다 해도 해탈하지 못한 채 죽는다.

물질은 언제든 파괴될 수 있다. 견고하지 않아서 고통이다. 내 뜻대로 바꾸거나 통제할 수 없다. 덧없는 육신이 안기는 고통을 통제할 수가 없다.

물질은 부정한 것이다. 몸이 더러운가, 아름다운가? 어떤 사람에게 '당신 몸이 부정하다!'라고 하면 어떤 일이 벌어질까? 자칫하면 싸움이 날 것이다. 하지만 곰곰이 생각하면 맞는 말이다! 사실을 들었다고 참아질까? 반면 수행자에게 '육신은 부정한 것이다!'라고 한다면 분명히 수긍할 것이다.

우리는 매일 몸을 씻고 치장한다. 자리에서 일어나 세수하고 목욕하고 배설하고 단장한다. 몸이 아름다워서인가? 더러워서 깨끗하게 만드는 것인가? 빨리어로 '아수바는 부정한 것', '수바는 아름다운 것'이다. 청결하게 단장하는 것은 몸을 아수바로 보기 때문이다. 수바라면 굳이 다듬을 필요가 없다. 매일 깨끗이 단장하는 이유는 몸이 '아수바(부정한 것)'이기 때문이다.

숨을 들이쉬면 풍대風大가 복부를 부풀린다. 사마디가 생기면 부풀어 오르는 시작과 끝이 보인다. 숨을 내쉴 때도 꺼지는 시작과 끝이 보인다. 시작은 생겨나는 것이고 끝은 파괴다. 사마디가 자리를 잡으면 경행할 때 발을 올리는 시작과 끝이 보인다. 발을 내미는 시작과 끝도 보인다. 발을 내리는 시작과 끝도 보인다. 한 걸음이 여러 동작으로 나뉘고, 동작마다 시작과 끝이 있고, 저마다 일어나서 사라지는 것이 보인다.

사마디가 커지면 배를 부풀리는 풍대에서 일어나는 무수한 끊어짐과 사라짐이 보인다. 연달아 일어나고 스러진다. 끊어지고 사라지니 무상하다. 다만 생멸이 너무나 빠르게 진행돼 하나씩 따로따로 보기는 어려울 것이다.

사라지고 파괴되는 고통이다. 내 힘으로 막을 수 없다. 저마다의 성품대로 일어나서 스러질 뿐이다. 내가 통제할 수 없는 무아다! 배가 부풀고 꺼지는 것을 관찰하면서 물질에서 드러나는 무상, 고통, 무아를 알 수 있다.

대상을 바꿔도 마찬가지다. 어떤 대상을 관찰하건 일어나는 순간 곧바로 파괴된다. '생성과 파괴, 생성과 파괴! 무상, 무상이다' 너무나 빠르게 생멸하기 때문에 괴로운 고통이다. 생멸이 못 일어나게 내가 통제할 수 없다. 제 성품대로 생멸하니 고통이다. 내가 통제할 수 없는 무아다. 수행자가 할 일은 대상의 생멸을 관찰하기, 그것뿐이다.

신념처(몸에 대한 알아차림 관찰)로 물질을 관찰하면 무상, 고통, 무아의 실재를 보게 된다. 무상을 보면 고통을 알 수 있다. 고통을 보면 무아가 드러난다.

진정한 무상을 볼 정도가 되면 고통과 무아는 저절로 보인다. 겸허하게 수행하며 법의 성품을 관찰하라.

느낌을 물거품에 비유하신 부처님의 가르침을 새겨보자. 호수나 강에 떨어지는 빗방울은 수면에 닿는 순간 스러져 버린다. 그처럼 느낌도 순식간에 일어났다 곧바로 사라진다.

주석서 스승들의 해설도 같다. 물방울과 물거품은 생겨나는 순간 사라진다. 제 모습을 오래 유지하는 물방울은 없다. 길게 머물지 못한다.

몸에서 일어나는 느낌도 마찬가지다. 느낌이 일어나고 사라진다. 오래 지속되지 않는다. 부처님의 전능지로 보면, 손가락을 한 번 튕기는 찰나에 천억 번의 느낌이 일어나고 소멸된다고 한다. 한 찰나에도 생멸이 천억 번 거듭되는 것이다.

생겨나자마자 파괴된다. 항상하지 못하다. 너무나 빠른 생성과 파괴 자체가 고통이다! 생멸을 제어할 수 없다. 제 성품대로 일어나고 파괴된다. 내가 통제할 수 없는 무아다. 수념처(느낌에 대한 알아차림 관법)로 느낌의 무상, 느낌의 고통, 느낌의 무아를 볼 수 있도록 정진해야 한다.

느낌은 '좋은 느낌, 나쁜 느낌, 좋지도 싫지도 않은 느낌' 셋으로 구분한다. 좌선이 길어지면 괴로운 느낌이 일어난다. 겸허한 마음과 집중력을 가다듬어 통증이 일으키는 느낌을 관찰하라. 지병이 있는 사람이 수행을 시작하면 통증이 더 심각하게 드러나는 경우도 있다.

선명하게 드러나는 그 고통을 관찰해야 하지 않겠는가! '무수한 생에서 고통받으며 죽음을 맞았다. 지금 죽어도 좋다라는 각오로 알아차려서 벗어나야 하지 않겠는가!' 목숨을 버릴 각오로 인내하며 관찰하라. 피하고 싶은 그 느낌을 끝까지 관찰할 때 사마디가 급성장한다.

사마디가 강렬해지면 고통은 물러가고, 좋은 현상들이 나타난다. 부처님, 탑, 호수, 천녀, 천인, 기기묘묘한 천상의 궁전, 신비한 정원, 마음의 평온과 고요 등이 나타난다.

견문이 적은 수행자는 법을 얻었다고 착각해 "제가 하늘에 올랐습니다. 수다원 과위를 얻었습니까?"라고 묻는다. 선뜻 대답하기 어렵다. 아니라고 하면 상처를 받을 것이다. 하지만 아니라고 알려준다. 그런 뒤 "바른 길에 들어섰다면 언젠가는 수다원에 오를 것이다"라고 격려해 준다.

수행자들이 "저희가 수다원이 됐는지를 어떻게 확인해야 합니까?"라고 묻는다. 정직하게 자신의 수행을 되돌아보면 된다. 굳이 말하자면 삼보를 생명보다 소중하게 여기는 믿음, 삼보에 온전히 의탁하는 신심, 생명과 맞바꾸며 오계를 지키는 수행자라면 이미 수다원이 아니겠는가?

한적한 수행처에 머물며 물질과 정신에서 일어나는 생과 멸의 성품을 보고 정진해 나가면, 위빠사나 수행의 희열과 행복이 일어난다. 이는 세속에서 맛보는 어떤 감각과도 견줄 수 없다. 오직 천상의 행복에만 비견할 수 있다. 그런 순간, 청정한 몸과 마음에 깃든 환희심 덕분에 어지간한 병은 씻은 듯이 낫는다.

청정해진 마음에서 일어나는 물질도 정화된다. 깨끗한 마음 물질과 결합하는 업물질, 기온물질, 양분물질도 정화된다. 몸 상태가 좋아진 결과로 어지간한 병마는 사라진다.

손가락을 한번 튕기는 순간, 마음은 1,000억 번 이상 일어나고 소멸한다. 마음으로 생겨나는 물질은 마음에 실린 힘만큼 커진다. 좋은 마음이 일으키는 물질은 덩달아 청정해진다. 마음물질과 연결된 업물질, 기온물질, 양분물질이 깨끗해지면 웬만한 병마는 사라진다. 꽤 많은 사람이 이미 체험했다.

부처님께서 '고통이 일어나면 다각도로 느낌을 관하라'고 설하셨다. 일어난 고통의 느낌을 관찰해야 한다. 다각도로 알아차려야 한다. 느낌을 찰나찰나 낱낱이 구별하려고 노력해야 한다.

수행하는 목적은 탐심, 진심, 치심에서 벗어나는 것이다. 좌선 한 번으로 해묵은 통증이 모조리 사라질 리는 없다. 성냄, 진심에서 벗어나려고 수행하면서 통증이 일어나면 오히려 번뇌를 키우는 경우도 있다. 번뇌가 끼어들면 수행이 전진할 수 없다. 요행이나 기적을 노리는 것은 수행이 아니다. 오직 느낌의 성품을 보겠다는 결심으로 관찰해야 한다.

성품을 알아야 생겨나고 멸하는 모습을 볼 수 있다. 생멸을 본다면 법의 길에 올라선 것이다. 느낌의 변화를 관찰해야 한다. 고통의 느낌이 일어나면 '느낌일 뿐이다'라고 마음에 새겨라. 느낌에 내포된 통증의 모습, 정도, 위치, 범위 등을 먼저 살펴라. 그런 뒤 통증의 느낌을 부분부분으로 구분하여 보려고 노력하라.

최대치에 도달하면 통증의 기세가 꺾이면서 잦아들 것이다. '아, 느낌이 계속되는 게 아니구나! 계속 변하는구나!'하며 단계별 변화를 관찰하는 동안 사마디가 커진다. 매번 알아차릴 때마다 다양하게 변하는 양상을 보게 될 것이다.

사마디가 강력해지면, 알아차릴 때마다 통증이 사라질 것이다. 생겨나서 사라지고, 생겨나서 사라지는 것도 볼 수 있다. 통증에 가려졌던 느낌의 생멸이 보인다면 통증을 이겨낸 것이다. 통증은 더 이상 주인공이 아니다. 느낌의 생멸을 보고 아는 것이 주인공이 됐다. 알아차리는 마음이 느낌을 제압한 것이다.

고통이 잦아들면 느낌을 보기가 훨씬 쉬워진다. 통증에 끄달리지 않고 알아차리는 마음이 제 할 일을 한다. 알아차리면 사라지고, 알아차리면 사라진다. 빠르게 사라지는 것을 보면 자동으로 무상이 드러난다. 너무나 빠르게 소멸되기 때문에 일어남을 알아차리기가 힘들어지면 또 다른 모습의 고통을 보게 된 것이다.

일어난 모든 것이 소멸하는 것을 내가 막을 순 없다. 본래 성품대로 파괴되는 것을 지켜보는 고통이다. 내가 통제할 수 없는 무아다. 본래 성품으로 '느낌 무상, 느낌 고통, 느낌 무아'를 아는 수행자는 각자의 바라밀에 따라 법을 성취할 것이다.

지각은 신기루에 비유할 수 있다. 뜨거운 태양이 작열하는 사막을 걷는 사람이 저만치 물이 넘실대는 호수의 신기루를 본다. 그 호수는 실물이 아니라 다양한 조건 때문에 왜곡된 환영이다. 지각도 본질을 왜곡시킨다. '아름다운 여인, 행복한 관계, 영원한 진리…' 등등 대상을 왜곡시켜 뇌리에 박는다.

실재를 모르기 때문에 지각의 오류가 생긴다. 남자가 여자를, 여자가 남자를 아름답게 본다. 신기루를 물이 있는 호수로 착각하는 것과 마찬가지다. 목마른 동물들이 신기루를 향해 달리다가 죽는 경우도 있다. 내가 철석같이 믿는 지각도 일종의 신기루다.

조건에 따라 찰나마다 무수히 생멸하는 육신을 이대로 변함없을 것이라 착각한다. 지각에 속았기 때문이다. 부정한 것을 아름답게 여긴다. 고통을 행복이라 여긴다. 무상을 항상한 것으로 왜곡한다. 이처럼 지각은 신기루와 같다.

형성(행)은 바나나의 심재에 비유할 수 있다. 바나나 나무는 파초라서 심재가 없다. 한 겹, 두 겹, 세 겹을 벗겨내도 나무를 지탱하는 중심이 없다. 형성력 50가지도 심재가 없다. 느낌, 지각을 제외한 형성(行: 의도, 접촉, 탐욕, 성냄, 어리석음, 시기, 기쁨 등의 50가지 마음 부수)에는 일어나서 파괴되는 생멸만 있다. 영원하지 못하다. 너무나 빠르게 소멸하는 고통이다. 제 성품대로 일어나고 사라진다. 내가 통제할 수 없는 무아다.

의식識은 마술사에 비유할 수 있다. 마술사가 손에 쥔 돌멩이 한

개를 보여준다 '자, 돌이다, 모두 똑똑히 봤지!'라고 확인시킨 뒤, 다시 손바닥을 펼치면 놀랍게도 금덩어리가 있다. 정말 돌멩이를 금으로 바꾼 연금술일까? 마술사의 현란한 기술이 만든 속임수에 불과하다.

위빠사나 지혜가 없으면 의식에 속아 넘어간 상태로 걷고, 서고, 앉고… 살아간다.

위빠사나 지혜가 없으면 마음 하나만 안다. 그런데 마음 하나에서 얻은 인식이 다른 상황에서도 진실일까? 아니다. 내 인생을 마술 쇼로 만드는 셈이다. 오고, 서고, 가는 마음이 같은가? 아니다. 찰나찰나 순간마다 달라지는 것을 이미 배우지 않았는가! 매 순간마다 제각각 낱낱이 틀려야 하지 않겠는가!

위빠사나 수행자는 마음이 저마다 다름을 이미 알고 있다. 오는 마음, 가는 마음, 서있는 마음, 앉는 마음… 마음 하나 안에도 끊임없이 변하는 것을 이미 알고 있다! 항상하지 않음을 더 많이 볼 때, 무수히 많은 파괴를 보게 될 것이다.

오온의 비유를 마음에 새기면서 수행하라. 무상, 고통, 무아를 더 많이 관찰하고 숙고하라. 그렇게 수행에 매진하여 그대가 소망하는 고통 없는 열반에 이르기를 축원한다.

모곡 사야도

Mogok Sayadaw

모곡 사야도(1899년~1962년)

모곡 사야도는 9살에(법명: 위말라) 출가하여 30여년 간 경전 연구와 후진 양성에 매진하셨고 강원에서 아비담마 교학을 가르치셨다.

1942년부터 4년간 모곡에 있는 보바당 마을 근처의 동굴에서 위빠사나 수행에 매진하여 특별한 법을 성취하셨다. 그 후 설하신 법문은 예전에 교학자로서 설하던 내용과 확연히 차이가 났다고 한다. 1952년 만달레이 아마라뿌라로 옮겨가 대열반에 드실 때까지 위빠사나 수행 지도에 전념하셨다. 특히 느낌을 통한 출구를 해탈의 길로 제시하셨다.

삼장법사 민곤 사야도는 '불법에 부처님이 계신다면, 미얀마 교학에는 모곡 사야도가 계신다'라고 평가하셨다. 모곡 사야도는 선교를 겸비한 근대 미얀마 최고의 아라한으로 명성이 자자하다.

1962년 다비식 후 많은 사리가 수습되었다. 안구 사리 등 특별한 사리들은 지금도 모곡센타에 모셔져 있다.

미얀마 전역에 269곳의 모곡 협회(망갈라막가) 3000여 곳의 모곡 수행센타가 있어 지금도 수많은 수행자들이 모곡사야도의 가르침을 따르고 있다.

고통의 소멸로 인도하는 수행은
스스로 체득해야만 한다

중도中道는 고통을 두려워하고 고통에 빠진 사람들이 의지하고 의탁할 수 있는 진리다. 세상에서 이보다 더 바른 진리는 없다. 중도가 곧 팔정도다. 팔정도의 바른 길을 따라가는 수행으로만 고통의 소멸, 열반에 도달할 수 있다.

누구나 즐거움과 행복을 갈망하며 쫓는다. 하지만 무엇을 의지하여 어떻게 해야 하는지를 모르기 때문에 고통에서 벗어날 수 없다. 궁극적 행복과 열반을 추구하지만, 정법과 올바른 접근법을 모른 채 무작정 애쓰다 결국 고통에 빠진다.

괴로움의 고리는 시작을 끊어내지 못했기 때문에, 생로병사의 고통은 오온의 무더기로 귀결된다. 사람들은 길을 찾지 못한 채 헤맨다. 누구나 천상에 태어나 행복을 누리기를 기대한다. 하지만 천인들도 병들고 죽는 고통은 피해갈 수 없다. 범천 또한 마찬가지다. 모두들 행복을 추구하지만 고통만 맞닥뜨린다. 왜 그럴까? 고통을 소멸시키는 올바른 수행법을 모르기 때문이다. 그렇다면 고통을 소멸시키는 참된 수행법은 어떤 것일까? 바른 길로 인도하는 법(正道), 팔정도를 연마하는 것이다.

부처님께서 '여래가 열반을 증득한 연유는 중도中道와 정도正道를 따랐기 때문이다. 다른 수행법으로는 진리에 도달할 수 없었다'라고 하신 말씀을 되새겨보자.

바다에 빠진 사람이 사력을 다해 헤엄을 친다. 하지만 기력이 소진되면 바닷물이 덮쳐버린다. 그렇다고 헤엄도 치지 않은 채 가만히 있으면 결국 가라앉는다. 극단의 노력으로 고통을 자청하는 수행으로는 열반에 이를 수 없다. 또 안일한 수행법으로는 아무것도 이룰 수 없다. 그래서 수행자가 열반을 증득하려면 올바른 수행법, 즉 정도를 따라야 한다고 말씀하신 것이다.

수행자들이여, 세상에는 헤아릴 수 없는 언어로 다양한 사상을 설파하는 사람들로 넘쳐나고 있다. 올바른 방법을 취사선택하는 것은 너무나 중요하다. 극단적인 고통과 안일함의 양극단을 피하고 바른 법, 정도를 따라가야 한다.

중도中道, 정도正道란 무상, 고, 무아로 대상의 본질을 거듭 관찰하여 마음에 새기는 일이다. 그렇게 쉼 없이 수행하면 종국에는 열반에 도달할 수 있다. 갈고 닦아 키우지 않으면 얻을 수 없다. 마음을 다잡아 실천해야만 얻을 수 있다.

> 중도中道, 정도正道란 무상, 고, 무아로 대상의 본질을 거듭 관찰하여 마음에 새기는 일이다.

'덩어리'로 뭉뚱그려 보면 안 된다.
부분, 부분으로 나누어서 봐야 실상
이 보인다.

그렇다면 무엇을 어떻게 갈고 닦아 키워야 할까? '덩어리'로 뭉뚱그려 보면 안 된다. 부분, 부분으로 나누어서 봐야 실상이 보인다. '나'라는 대상의 몸과 마음은 '물질, 느낌, 지각, 형상, 의식'의 다섯 무더기로 나뉜다. 이것이 오온五蘊이다. 지혜로 오온을 구분하지 못하면 덩어리만 보인다. 실재가 아닌 추상이나 관념으로 흘러버린다. 지혜로써 나누어 알아차려야 실상의 성품이 제대로 보인다.

오온 중에서 자신이 선호하는 하나를 잡아라. 방법은 다른 것이 아니다. 마음을 잡는 것이다. 마음을 잡고 있다면 다른 일체가 모두 포함된다. 마음이 주도해 나간다.

"마음은 앞장을 서는 대장이다. 마음 때문에 모든 것이 일어난다." 마음이 번뇌에 물들어 오온을 '나'라고 집착한다. 마음을 다잡고 관하면 번뇌의 대상이 선명하게 드러난다. 마음을 관찰하는 방법은 뒤에 일어난 마음으로 앞마음을 관하는 것이다. 먼저 일어난 마음을 관찰하는 뒷마음이 중도의 마음이다. 중도로 마음을 관찰하면 실상

먼저 일어난 마음을 관찰하는
뒷마음이 중도의 마음이다.

을 있는 그대로 알수 있다. 관찰하는 마음이 중도가 되면, 그것이 정도正道다.

자고 싶은 마음이 일어나면 이 혼침의 마음을 관찰해라. 혼침이 일어난다면 혼침이 일어나면 알아라. 관찰할 때, '이 마음은 일어난 뒤 사라지는구나'라고 알아야 한다. 생겨나서 사라지는 것을 무수히 관찰하면 일어난 뒤 사라지는 것만 보일 것이다.

이렇게 알아차릴 때, '생겨나 사라지는 것은 무상하다. 이것이 정도正道구나' 라고 안다. 알아차리지 못한다면, 업으로 향할 것이다. 갈애, 강한 집착, 업, 탄생, 죽음, 근심, 고통으로 흘러갈 것이다. 고통의 씨앗을 심었기에 때문에 고통의 열매가 열린다.

생멸을 계속 관하여 삼법인[무상, 고통, 무아]을 증장시켜야 한다. 생멸을 관하지 않기 때문에 눈, 귀, 코, 혀, 몸의 다섯 감각을 탐착한다. 극심한 고통이 뒤따라오고 무명이 깊어질 것이다. 무명은 12연기의 바퀴를 돌리는 동력이다.

혼침은 탐심과 치심의 강이다. 이 강에 빠지면 욕망으로 표류하며 끝없이 떠내려갈 것이다. 나쁜 것만 뒤따를 것이다. 잠자고 싶다면 잠이 오는 마음을 관觀하면서 자라. 관찰하는 마음은 정도正道

다. 잠드는 순간까지 관찰해라. 수십 년 동안 매일 잠자리에 들었건만 아직도 제대로 자는 법을 모른다. 선지식께서 '혼침과 무기력 때문에 삼계를 윤회한다'라고 말씀하셨다. 혼침 속에는 탐심과 진심이 도사리고 있다. 탐심 때문에 아귀가 되고, 진심 때문에 지옥에 떨어진다. 어떻게 관하지 않고 잠 들 수 있겠나? 관하지 않으면 근심, 비탄, 무명으로 윤회의 바퀴가 돌아간다.

바른 수행법을 배울 수 있는 좋은 시대에 태어났다. 돌아가신 조상님과 친인척들은 기회조차 없었다. 법을 설하는 스승을 만났고, 여기에 모여 경청하는 소양까지 갖추었으니 얼마나 큰 행운인가? 부디 온 마음으로 듣고 힘써 실천하라.

제대로 자는 법을 배워야 한다. 부모님, 선대의 방식대로 자면 안 된다. 그렇다고 '이 정도에 져서야 되겠나?!'라며 잠을 물리치려고 옥죄며 육신을 괴롭히지도 말라. 고통을 자청하는 것은 윤회의 물결에 자신을 내던지는 것이다. 이제 알았으니, 오늘부터는 바르게 관찰하며 자거라.

상윳따 경에서 부처님은 '혼침이 일어나면 혼침이 일어난다고 알아라' '여기저기 사방을 헤매는 산만함이 일어나면 그 마음을 관찰하라'고 일러주셨다. 혼침이란 졸음에 겨워 무기력해진 상태다.

생겨나고 소멸하는 마음을 매 순간 구분하여 관찰하라.

관찰하지 않으면 무지몽매한 무명에 빠진다. 무명은 윤회의 바퀴를 빠르게 돌린다. 매 순간을 알아차리면 마음이 생멸하는 것을 볼 수 있다. 그러면 무명이 소멸한다. 무명의 시작 고리가 끊어지면 나머지 고리들은 저절로 소멸한다. 윤회의 바퀴가 파괴된다. 이것이 존재의 고통에서 벗어나는 바른 길(正道)이다.

부처님께서 '마음이 아프면, 마음이 아파하는구나'라고 있는 그대로 관찰하라고 알려주셨다. 마음을 알아차리지 못하면 윤회의 바퀴가 계속 굴러간다. 성냄, 진심의 굴레에 빠지면 고통만 커진다. 어떤 마음이 일어나건, 일어났다 사라지는 그 마음을 관찰하라. 앞마음이 생멸하는 모습을 알아차리는 뒷마음이 바로 정도正道의 마음이다.

> 앞마음이 생멸하는 모습을 알아차리는 뒷마음이 바로 정도正道의 마음이다.

부처님께 예경을 올리는 그 마음의 생멸을 관찰하라. 일어나는 모든 것을 놓치지 말고 계속 바라보라. 번뇌가 끼어들지 못할 만큼 깨어서 관찰하라. 대념처경에선, '번뇌가 비집고 들어올 틈이 없을 만큼 알아차림이 촘촘하면(이어진다면) 7일 만에 열반에 이를 수 있다'고 확언하셨다.

"비구들이여, 어떤 이가 7일 동안 끊어짐 없이 알아차리며 수행한다면 그 사람은 두 가지 선과를 얻는다. 이번 생에서 아라한 과위를 성취할 것이다. 아직 미세한 갈애가 남았다면 아나함 과위를 성취할 것이다"고 말씀하셨다. 의심하지 말라. 온 힘을 다해 분투하면, 길어야 7일이다.

초보 수행자는 실재와 관념(번뇌)을 구분하기 어렵다. '일어남, 소멸', '일어남, 소멸'로 생멸과 알아차림을 연결시켜 차츰 수행이 익어져 번뇌가 끼어들 수 없다. 어느 순간 실재의 생멸이 보일 것이다. 번뇌가 끼어들 여지가 없다면 열반에 드는 것이 확실해진다. 기도나 말로 되는 일이 아니다. 오로지 수행을 실천할 때 성취할 수 있다.

그렇다면 어떤 마음을 관찰해야 할까? 일어나는 모든 마음을 알아차려라. 생멸을 관하는 마음, 즉 정도正道[팔정도]만 있으면 된다. 실재實在 생멸을 보고, 그 후 소멸만 보게 되면 두려움과 혐오감이 일어난다. 그 힘이 강해지면 한차례의 종결[열반]에 도달한다. 출세간의 도道를 증득한다.

부처님께선 '고통을 벗어나 열반으로 인도하는 수행법'과 실천방법을 일러주셨다. 고통이 소멸된 자리 멸성제, 고통을 소멸시키는 수행 도성제, 실재하는 진리는 둘 뿐이다. 팔정도는 열반에 이를 때까지 걸어가는 길이다. 부처님께서 '팔정도를 벗어난 수행법은 올바른 방법이 아니다'라고 확언하셨다.

열반을 얻으려면 '가정을 버려라, 채식만 해라, 산에서 수행해야 한다' 등, 갖가지 이야기를 한다. 명심할 것은 무엇을 어떻게 연마하건, 결론은 하나다. 올바른 수행법이 아니면 열반에 도달할 수 없다. 브라흐마, 비슈누, 천신, 목신을 숭배하며 매달린다고 고통이 사라지겠는가? 그럴 리 없다. 고통에서 벗어나려는 의도는 옳고 좋다. 하지만 수행법이 틀렸다.

부처님께서 '근심, 비탄, 고통, 성냄 등 번뇌를 벗고, 아라한 도를 성취하고, 열반을 증득하는 유일한 길은 팔정도 수행, 알아차림뿐이다. 다른 길은 없다'라고 가르쳐 주셨다. 부처님의 고귀한 가르침을, 여법한 스승의 법문을 통해 수행처에서 듣고 이해하는 여러분은 희귀한 기회를 잡은 행운아다. 열심히 수행하여 법을 가르쳐 주신 부처님의 은혜에 보답하자. 여러분은 과거 생에 배웠던 그릇된 수행법 때문에 아직 열반에 이르지 못했다. 하지만 복덕이 충만해서 사람으로 태어났고 정법을 만났고 여기서 수행을 하고 있다. 힘써 노력하라.

농부가 '아! 정말 힘들다! 무슨 장사를 하면 좋을까? 농사지으며 살기는 힘들다. 장사를 하면 생활이 나아지지 않을까!' 상인은 '이대로는 안 되겠다. 어떤 업종으로 바꾸면 좋을까?'라며 한탄한다. 모두 풍요롭고 행복한 삶을 갈망한다. 하지만 결과는 피하고 싶은 고통뿐이다. 갈망은 열등한 것이다. 고통 속에서 또 다른 고통을 찾아 헤맨다. 갈팡질팡하며 헤매다 끝이 난다. 이 문 저 문으로 들어가 헤맨 끝에는 벼랑만 있을 뿐이다.

여기서 고통이 튀어나오고 저기서 고통이 얼굴을 내민다. 다음 생도 크게 다르지 않다. 전력투구하여 천상계에 태어났건만 범천계의 꼭대기에도 고통이 있다. 무수한 존재계를 셀 수 없이 거듭 태어나는 이유는 무엇일까? 고통을 벗어나면 행복해진다는 희망 때문이다. 하지만 살아보니 물거품이다. 이처럼 출구 없는 고통의 숲에서 길을 잃고 헤매다 끝나는 것이 범부의 삶이다.

숱한 윤회를 거듭했지만 만나거나 경험하지 못했던 한 가지가 있다. 고통이 소멸된 자리로 이끄는 올바른 수행법! 다른 것들은 실컷 경험했다. 이 법 하나만 여태 만나지 못했다.

범부들이 열심히 궁리하고 갈망하는 것들은 바른 열망과는 동떨어져 있다. 여기가 마음에 안 들어서 저기로 옮겨 본다. 하지만 거기도 마음 붙일 데가 없다. 어디로 옮기건 마찬가지다. 특히 그릇된 사상이나 수행법을 익혀 집착하는 상태는 더 그렇다. 자신에게 불이익이고 다른 사람들까지 구렁텅이에 빠트린다. 참으로 두려운 일이 아닐 수 없다.

이쪽에서 저쪽 존재계로 옮겨 간다. 몇 번을 옮겨 보아도 고통과 조우할 뿐이다. 부디 방황을 멈추어라. 그래도 옮겨야겠다면 팔정도 수행으로 가거라. 다른 길은 모두 잘못된 길이다. 이 진흙탕을 피해 저기로 가보아도 결국은 늪에 빠질 뿐이다. 단언할 수 있다. 이 길을 아직도 외면하는 그대, 너무 애처롭고 가련하구나!

종교를 바꿔 다른 믿음을 따르고, 이 수행에서 저 수행으로 바꿔 본다. 하지만 그릇된 길의 끝에는 지옥이 기다리고 있다. 마음을 다해 숙고해 보라. 여러분의 복덕이 충분했기 때문에 지금 여기서 법문을 듣고 진리를 받아들이고 있다. 수행할 기회도 얻었다. 이제야 진짜를 만났다. 과거 생에선 무수히 옮겨 다녔지만, 결국 어디에도 정착할 수 없었다. 이제 고통에서 벗어나는 길을 알려주는 참된 진리를 따라가자.

처음부터 잘못 선택한 탓에 좌절하며 죽음의 문으로 들어갔다. 이를 반론할 사람은 없을 것이다. 부처님께선 끝없이 윤회하며 옮겨 다니는 것을 만류하셨다. 하지만 제 마음 내키는 대로 윤회계를 헤매면서 '어디에 이 몸을 묻으면 적당할까?' 두리번거리다 결국 죽음으로 끝났다. 이런 미치광이 짓을 계속해서야 되겠는가?!

'윤회를 일으키는 모든 것은 고통'이라는 진리를 명심하라. 여러분은 언제나 고통 쪽으로만 선택했다. 어릴 때는 경솔하고 천방지축이라, '나이가 들면 정착할 것이다'라고 착각한다. 하지만 나이 들어 죽을 때가 되면, '오! 천상에 태어나면 좋겠다'며 이 자리, 이 생에서 자리 잡지 못한 채, 다음생을 향하며 요동친다.

그렇게 돌아다녔으면 멈추어야 하지 않겠는가! 아직도 돌아다니고 싶은가? 이제 고통을 소멸시키는 바른 수행으로 향하자. 그러나 마음만으로 가능한 일이 아니다. 여법한 스승을 만나 바른 방법을 배워야 한다. 부처님께서도 '바른 길로 인도하는 좋은 스승을 찾아야 한다'고 분명히 말씀하셨다.

스승을 만났다면 가르침을 온전히 따라야 한다. 대념처경에서 설하신 대로 알아차림으로 수행해야 한다. 알아차림이 끊어지지 않도록 수행을 하면, 베틀에 앉아 옷감 한 필을 짜는 시간보다 더 빠르게 끝낼 수 있다. 조건이 무르익은 수행자라면 7일 만에 아라한과를 증득할 수 있다. 의심할 여지 없이 확실하니 시도해 볼 가치가 충분하다. 쉼 없이 정진하겠다는 결단만 하면 된다.

왜 노력할 가치가 충분한 수행이라고 자신하는가? 간단하다. 고통을 완전히 소멸시키는 수행이기 때문이다. 원인과 결과의 고리, 윤회의 바퀴를 돌리는 연결고리를 끊어버리기 때문이다. 연이어 돌아가는 고통의 바퀴를, 고통스런 갈애의 오온을 말끔히 끊어내는 수행법이다. 그래서 올바른 방법이다. 오직 '위빠사나' 수행을 통해서만 끝없이 이어지는 존재의 고통을 끊어낼 수 있다. 반대로 알아차리지 않으면 무엇으로도 끊어낼 수가 없다.

'윤회계에서 빠르게 법을 성취하기를!'이라고 기원한다. 이제 입으로 하는 건 그만해라. 기도를 하면 한 줌을 얻지만, 수행을 실천하면 정도正道의 큰 산을 얻는다. 지난 생에서 그저 빌면서 허송세월한 것이 후회되지 않는가? 한 줌 가치의 기도만 하지 말고, 계행과 삶에 부합하는 가치 높은 수행을 해야 하지 않겠는가!

정도正道는 닦아야 얻을 수 있다. 물질과 정신을 관찰하면서 생멸로 구분하고, 무수히 거듭 알아차려야 궁극적 실재(빠라맛타)를 볼 수 있다. 그럴 때 무상, 고, 무아가 드러난다. 다시 증장시켜 수천수만의 생

> 무수히 거듭 알아차려야 궁극적 실재(빠라맛타)를 볼 수 있다.

멸을 알아차려야 한다. 부처님은 한 찰나에도 일천억 번의 생멸을 보셨다.

마음의 생멸을 관하면 물질과 정신을 무상, 고, 무아로 알 수 있다. 무상, 고, 무아로 실재를 보는 지혜가 자랄 것이다. 실행하지 않으면 아무것도 얻을 수 없다. 그러면 어떻게 해야 하나? 부처님께서 'bhāvetabbaṃ-증장시켜라'고 말씀하셨다. 반복하여 닦고 길러야 한다. 실재實在의 생멸을 보게 되면 무수한 생멸을 두려워하고 혐오하게 된다. 혐오가 일어나면 팔정도의 끝이 보인다. 그 길이 끝날 때 열반을 증득하는 것이다.

물질을 선호하면 물질을 관찰하라. 느낌을 선호하면 느낌을 관하라. 단 대상을 관찰하는게 아니다. 대상의 생멸을 관찰해야 한다. 명심하라. 오직 생멸을 관찰하고 증장시켜라. 무수히 일어나는 생멸을 지켜보는 힘이 부족하면 실재의 생멸(빠라맛타)을 볼 수가 없다. 실재의 본성을 못 보면 혐오가 일어나지 않는다. 혐오 없이는 '혐오의 지혜'에 도달할 수 없다. 혐오의 지혜를 갖추지 못하면 열반에 이를 수 없다.

> 증장시켜 수천수만의 생멸을 알아차려야 한다.

> 실재實在의 생멸을 보게 되면 무수한 생멸을 두려워하고 혐오하게 된다.

> 단 대상을 관찰하는게 아니다. 대상의 생멸을 관찰해야 한다.

• 미얀마 아라한의 수행 •

매순간 물질과 정신의 실상을 알아차려라. 마음이 끊임없이 일어났다 소멸하는 모습을 놓치지 않고 관찰하면, 대상의 모든 속성은 결국 무

느낌의 실재 생멸을 보면 갈애가 제거된다.

상, 고, 무아임을 알게 된다. 마음의 생멸을 관찰하여 무수히 증장시킬 때 수행자의 팔정도가 무르익어 도·과에 이를 것이다. 생멸의 실상을 쉼 없이 거듭거듭 관찰해야 한다. 실행한 만큼 나아갈 수 있다. 게으름에 져서 방임하면 항상 빈손이다. 얼마나 치열하게 노력하냐에 따라 결과가 달라진다. 법문은 고통의 소멸에 도달하고, 해탈하기 위해 듣는 것이다.

왜 고통이 생기는가? 어떻게 해야 벗어날 수 있을까? 갈애가 고통의 뿌리다. 생을 탐하는 갈애 때문에 고통이 생겨난다. 그 뿌리를 뽑아버리면 고통에서 벗어날 수 있다. 그렇다면 갈애는 어디에 있는가? 자신의 오온 속에 있다. 느낌을 따라 갈애가 일어난다. 느낌의 실재 생멸을 보면 갈애가 제거된다. 느낌을 관하면 갈애를 끊을 수 있다. 느낌의 생멸을 무상으로 관하면 갈애가 죽는다.

느낌과 갈애 사이에 도道의 길이 있다.

느낌과 갈애 사이에 도道의 길이 있다. 부처님을 친견하고 싶은가? 형상의 부처님을 붙잡지 마라. 느

껌과 갈애 사이에 있는, 부처님께서 알려주신 진짜 길을 따라 가면 있다. 느낌과 갈애 사이에 수다원, 사다함, 아나함, 아라한 도·과의 길이 있다.

제석천왕이 "부처님, 갈애를 끊으려면 어떻게 해야 합니까?"라고 여쭈었다.

부처님께서 "세 가지 느낌이 있다. 행복한 느낌, 고통스러운 느낌, 무덤덤한 느낌이다. 이들 느낌을 무상으로 관하라. 탐욕에서 벗어나도록 소멸하도록 다시금 소멸하도록 관하라. 그렇게 관하면 어느 덧 갈애가 소멸한다. 갈애가 힘을 잃으면 집착은 저절로 끊어진다. 그때, 윤회의 굴레를 벗는다"라고 가르쳐 주셨다.

느낌을 관찰하는 수념처가 갈애를 끊는 길이라고 부처님께서 일러 주셨다. 느낌을 보는 것이 마음을 관하는 것이 된다. 마치 불과 빛처럼, 마음과 느낌은 늘 함께 있다. 느낌이 생멸하는 실상을 알게 되면 느낌의 덩어리가 흩어진다. 그저 생멸하는 실상만 보인다.

느낌이 생멸하는 실상을 알게 되면 느낌의 덩어리가 흩어진다.

위빠사나 수행을 실천하면 '오온의 덩어리'를 버릴 수 있다. 아직 지혜와 열반을 얻지 못했다고 안달하지 마라. 생멸하는 실상을 보는 순간 저절로 이뤄진다. 위빠사나 지혜를 통해 오온의 덩어리를 벗으면 갈애가 그친다. 오온의 더미 때문에 고통이 생겨난다. 갈애는 고통의 근원이다. 오온 더미와 갈애를 제거해야 한다. 숱한 윤회계를 돌며 끊임없이 고통당했던 이유는 위빠사나 수행을 하지 않았기 때문이다. 위빠사나 수행을 실천하면 덩어리(취온)와 갈애의 고통에서 벗어날 수 있다.

위빠사나 지혜로 덩어리의 생멸을 관찰하지 않았기 때문에, 고통의 실체를 보지 못했다. 사띠(알아차림)가 없었기 때문에 고통의 실체를 알 수 없었다. 그래서 무명에 끄달려 행을 일으키고, 사악처로 향하는 의식을 일으켜, 마침내 사악처에 떨어졌다.

> 위빠사나 지혜로 덩어리의 생멸을 관찰하지 않았기 때문에, 고통의 실체를 보지 못했다.

매 순간 알아차리면서 사념처 수행을 해야 한다. 생멸의 실체를 한 번이라도 본 사람은 복 될지니, 해탈의 길에 한 발 들어섰기 때문이다. 오온 덩어리의 생멸을 알아차리면서 지혜가 자란다. 무명을 토대로 지혜가 익는다. 그것이 성자의 법이다. 생멸을 알아차리는게 관건이다. 앞마음(대상 마음)을 뒷마음(관찰하는 마음)으로 관하면, 앞마음이 이미 소멸된 것이 보인다. 없음을 아는 것이 무상의 지혜다. 이를 아는 것이 도(막가)다. 생멸을 낱낱이 알아차릴 만큼 지혜가 무르익고 생멸과 지혜가 빈틈없이 일치하면, 아침에 시작한 수행을 완성하는 저녁을 맞이할 것이다.

🔅　　바라밀은 수다원 도를 증득하는 필수 조건이 아니다. 핵심은 사견과 의심을 뿌리 뽑는 것이다. 사견에서 벗어나는 방법은 2가지다. 먼저 위빠사나 지혜로 제거한 뒤, 수다원 도道지혜로 뿌리를 뽑아야 한다. 사견이 어디에 있을까? 오온에 기생하고 있다. 사견에서 벗어나려면 먼저 오온의 특성을 알아야 한다. 12연기법을 통해 오온의 실상을 볼 수 있다. 연기법에는 교학으로 이해하는 12연기와 몸을 통해 이해하는 12연기가 있다. 수행에서는 자신에게 드러나는 12연기를 관찰한다. 원인에 기대어 결과를 일으키는 오온의 생멸을 보면 사견은 설 자리를 잃는다.

명심할 것은, 현재의 오온을 대상으로 삼아 12연기를 이해해야 한다. 범부들은 오온을 '나'로 착각하여 집착한다. 하지만 12연기에 따라 원인과 결과로 일어났다 사라지는 생멸의 연속일 뿐이다. '나'라는 실체는 어디에도 없다. 무명에 끄달려 선하고 불선한 행위를 일으키며 윤회의 바퀴를 굴린다. 오온의 실상을 보면 사견과 의심에서 벗어난다. 그때 무명과 행(선행, 불선행)이 저절로 사라진다. 위빠사나 수행자는 과거의 오온, 미래의 오온을 관찰하면 안 된다. 명심하라. 오직 현재의 오온만 직시해야 한다.

형상이 시각에 부딪치면 현재 눈의 식이 일어난다. 동시에 느낌, 지각, 행(선, 불선의 행)도 일어난다. 이들을 함께 봐야 하기 때문에 위빠사나는 현

재의 오온만 관찰한다. 느낌, 지각, 행, 의식은 함께 일어나 소멸한다. 수행자가 교학에서 설명하는 오온의 특징까지 알 필요는 없다. 핵심은 위빠사나 지혜로 지금 내 몸에서 일어나는 오온을 통찰하는 일이다. 오온의 원인과 결과, 그 생멸만이 실재다. 눈의 시각 물질과 외부 형상이 부딪힌 결과, 정신(느낌, 지각, 행, 의식)이 덩어리져 일어났을 뿐이다.

시각, 형상(물질)을 원인으로 정신의 더미가 일어났음을 이해하면, 물질과 정신을 구분할 줄 아는 단계다. 이같은 이해가 굳건해질 때 사람, 중생, 나로 집착하는 '자아'라는 사견이 떨어져 나간다. 오온은 6문(눈, 코, 귀, 입, 몸, 마음)에서 우후죽순 일어난다. 다만 지금 일어나 지금 사라진다. 이 순간 태어나, 이 순간 소멸된다. 하루에도 헤아릴 수 없이 수많은 오온이 일어나고 사라진다.

자신의 죽음을 분명하게 직시하면 더 이상 오온을 끄달리지 않게 된다. 죽음을 보면 고통의 실체(고성제)를 알게 돼 고통의 근원인 갈애에서 벗

어난다. 위빠사나는 자신의 죽음을 직시한다. 위빠사나 관법은 갈애, 집착, 업이 뒤따르지 못하도록 막아주는 방패다. 생멸 뒤에 곧바로 관하는 정도正道 마음이 일어나 고통의 연결 고리를 끊는다. 그 순간 고통이 소멸한다.

⬤　사리불 존자께서 병석에 누운 아나타삔띠까 장자를 위해 설법하셨다. '오온에 집착하지 않으면 더 이상 오온을 얻지 않을 것이다. 느낌이 멸해야 갈애에서 벗어난다'며 미래의 오온을 끊어내는 방법을 일러주셨다.

'느낌을 삼법인(무상, 고, 무아) 위빠사나 지혜로 관찰할 때 오온은 더 이상 일어나지 않는다. 이생, 저생에 집착하는 것은 열반을 지향하는 자세가 아니다. 집착이 사라지면 일이 끝난다'라고 설법하셨다.

아나타삔띠까 장자가 죽어 천인으로 태어나자 바로 제따와나 사원에 계신 부처님께 왔다. "세상에 살 때는 재물과 친족에 집착하느라 수행을 하지 못했습니다. 이제는 오직 팔정도를 수련해야 열반을 얻을 수 있음을 압니다"라며 경배하였다.

법문을 들으면 수행을 더 잘할 수 있다. 부처님이 계실 때는 많은 수행자들이 설법을 듣다가 도·과를 증득하였다. 설법을 들을 때 지혜(관찰하는 마음)와 오온을 번갈아 관찰하라. 오온을 관하는 지혜가 성성해지도록 깨어 있으라. 위빠사나 지혜는 진리로 인도하는 길잡이다.

설법을 들을 때 지혜(관찰하는 마음)와 오온을 번갈아 관찰하라.

세 가지 지혜가 있다. '삿짜냐나, 낏짜냐나, 까따냐나' 이다. 첫째 삿짜냐나는 느낌을 느낌으로 보고 '진리를 아는 지혜'다. 둘째 낏짜냐나는 느낌이 순간순간 일어나고 소멸하는 '작용을 보는 지혜'다. 셋째 까따냐나는 소멸한 느낌이 완전히 멸한 것을 보는 '완료를 아는 지혜'다. 진리를 알고 싶다면 위빠사나 지혜로 생멸을 관찰하라. 수행자의 임무는 어디까지일까? 시작은 생멸이 일어나고 사라지는 것을 탐색하는 것이다. 끝은 생멸의 완전한 멸을 확실히 아는 것이다. 그것뿐이다.

시작은 생멸이 일어나고 사라지는 것을 탐색하는 것이다. 끝은 생멸의 완전한 멸을 확실히 아는 것이다.

⬤ 오온을 즐기고 애착하며 연민하는 범부는 갈애, 집착, 업을 키우며 윤회의 바퀴를 돌린다. 오온에 오온을 보태어 쌓는다. 죽음에 죽음을 덧쌓는다. 그렇게 탄생과 죽음을 끝없이 이어간다.

부처님께서 윤회하는 범부의 삶을 이렇게 비유하셨다. 기름접시에 심지를 꽂아 불을 밝혔다. 심지가 타면 새 심지로 갈아주고 기름이 다 되어 새 기름을 채우면 그 불은 영원히 꺼지지 않는다. 심지가 오온이다. 기름을 붓는 힘이 갈애다. 내생을 원하는 범부는 탄생, 늙음, 죽음의 불에 자신을 장작으로 던져 쉴 새 없이 불타면서 불을 먹여 살리고 있다. 그러니 기름이 다하면 더 이상 붓지 말아라. 새 심지를 넣지 말아라. 그래야 등불이 꺼져 고요해진다'라고 말씀하셨다.

고통의 원인(집성제)을 만들지 말고, 고통(고성제)을 새것으로 바꾸지 말아라. 기름이 집성제이고, 심지가 고성제다. 그래야 탄생, 늙음, 죽음의 불길이 괴롭히지 못한다. 집성제, 고성제의 뿌리를 뽑아야 한다. 고통(육신)을 세분화해서 낱낱이 관찰하는 위빠사나 수행을 하면 번뇌에서 벗어날 수 있다.

'상견常見-영원한 것이 있다'에 끄달리는 사람은 선행을 실천하려고 노력한다. 불선을 두려워한다. 존재계를 애착한다. '단견斷見-죽으면 끝이다'에 끄달리는 사람은 주저없이 불선을 행한다. 존재계를 혐오한다. 하지만 좋은 스승을 만나면 즉시 감화되어 보살도를 닦는 마음을 일으킬 수 있다.

위빠사나 지혜로 오온의 허물을 관찰해야 한다. 오온의 실상을 제대로 볼 때 육신에 대한 애착이 끝나 고통의 원인이 소멸된다. 오온의 생멸을 보는 바로 뒤에 정도가 들어와야 자신을 불태우는 생을 벗어날 수 있다. 생멸을 보고 끝없는 무수한

오온의 실상을 제대로 볼 때 육신에 대한 애착이 끝나 고통의 원인이 소멸된다.

생멸에서 두려움과 혐오가 일어나 생멸이 없는 출구를 찾는 마음이 일어날 때까지 수행하라. 생멸이 그친 자리에 출세간 도가 있다. 생함도 멸함도 없이 인과를 벗어난 그 자리에 열반이 있다.

실상을 보는 지혜, 혐오하는 지혜는 아직 인과의 영역에 있다. 도 지혜는 인과를 벗어난 영역에 거한다. 원인과 결과의 조건에 의지하는 물질과 정신의 실상을 이해하면 고성제와 집성제를 본다. 이를 예리한 지혜로 철견하면 집성제와 고성제가 떨어져 나간다. 수행이 끝날 때까지 생명을 바쳐 전력투구하는 사람은 멸성제와 도성제의 주인이 될 수 있다.

🔅 '진리를 보지 못하면 결코 열반에 이를 수 없다'고 명심하라. 진리를 알고 열반을 얻으려면 처절하게 노력해야 한다. 오온을 대상으로 삼아 진리를 본다. 한 치의 어긋남도 없이 오온의 완전한 생멸, 그것을 연속해서 관할 때 진리를 알게 된다. 어떤 온蘊[물질, 느낌, 지각, 행, 의식]이든 모두 고통이라고 알면 윤회를 벗어난

다. 진리를 모른 채 열반에 도달했다고 말하는 사람을 믿지 마라.

초전법륜경에서 '지혜의 눈이 일어났다'로 진리를 아는 지혜를 설명하신다. 사람들이 초전법륜경을 제대로 이해하지 못하고 수행도 안 하기 때문에 독송만 하고 있다. 먹는 약을 바르는 약으로 오용하면서 어떻게 병이 낫기를 바라는가?

범부들은 무명에 압도된 채 고통에 묻혀 수많은 생을 허비한다. 진리를 모르니 지혜의 눈을 뜰 수가 없다. 장님으로 태어나 빛 한 번 보지 못한 채 죽는다. 진리를 깨닫는 수행을 못한 채 인간계나 천상계로 끌려 다니며 고통에 겨운 채 끝난다.

무명 때문에 '고통의 원인-집성제'를 쌓았다. 윤회하는 동력을 계속 제공하는 업을 키워 재생 연결의식을 일으키면서 새로운 '고통-고성제'로 오온을 얻는다. 지혜가 없는 범부들은 오온이 고성제임을 모른다. 그저 좋고 행복한 것이라 여긴다. 이제 오온의 허물을 관찰하여 고통의 진리를 보려고 발심해야 한다.

경전이나 고서를 읽는다고 오온이 지혜로 둔갑할 순 없다. 경서에 '느낌을 관하라'고 적혀 있다. 하지만 느낌을 그저 관찰만 해서는 열반에 이를 수 없다. 느낌을 단지 느낌으로 보라. 느낌의 생멸을 보고, 고통이라 체득할 때 비로소 지혜가 열린다.

진리의 지혜를 얻어야 갈애가 그친다. 열반, 오온의 끝인 열반을 볼 수 있다. '낏짜냐냐(일의 지혜)는 수다원 과위를 향해 가는 초입이다. 오온이 무엇인지 어떤 작용을 하는지를 이해하면, 낏짜냐냐가 완성된다. 낏짜냐냐에 도달한다. 수다원 과위를 증득한다. 거듭 말하지만, 바라밀은 필수 조건이 아니다. 날카롭게 벼려진 칼날처럼 영민한 지혜가 있어야 성자의 반열에 오른다. 성자가 되려면 세 가지 지혜, 1) 느낌을 느낌 그대로 알아차리고, 2) 일어나는 순간 곧바로 소멸되는 찰나 오온의 작용을 보고, 3) 찰나 멸을 다시 확인하는 지혜를 모두 알고 볼 수 있어야 한다. 이것이 수행자가 실천해야 할 낏짜냐냐(일의 지혜)다.

> 1) 느낌을 느낌 그대로 알아차리고, 2) 일어나는 순간 곧바로 소멸되는 찰나 오온의 작용을 보고, 3) 찰나 멸을 다시 확인하는 지혜를

● 사견에 묶인 사람은 열반을 볼 수가 없다. 사견이 열반을 가렸기 때문이다. 열반은 갈애도 오온도 없는 경지다. 단견은 '죽으면 모든 게 끝'이라는 견해다. 상견은 '영혼이 있고 윤회한다'는 견해다. 단견이나 상견에 묶인 갈애로는 열반을 볼 수 없다. 단견, 상견의 실체를 숙고하는 지혜가 무르익어야 열반을 볼 수 있다. '악기왓차경'에는 상견과 단견을 벗어나는 방법이 기록돼 있다.

악기왓차 바라문의 질문에 답하신 부처님 말씀을 통해 열반의 성품을 공부해 보자.

악기왓차: 물질과 정신은 영원합니까? 영원하지 않습니까? 물질과 정신은 끝이 있습니까? 없습니까? 중생이 죽으면 다시 태어납니까? 안 태어납니까? 일부는 태어나고 일부는 태어나지 않습니까? 죽은 것도 아니고, 산 것도 아닌 중생이 있습니까?

부처님: 나는 그와 같은 견해를 취하지 않는다.

바라문: 왜 그렇습니까?

부처님: 그런 견해는 사견이기에 취하지 않는다.

바라문: 그러면 고따마 당신의 견해는 무엇입니까?

부처님: 붓다는 오온이 일어나 소멸한다는 견해를 취한다. 일어남은 고통의 진리(고성제), 알아차리는 관법은 도의 진리(도성제), 도성제로 고성제를 연이어 관하는 진리, 이것이 불법의 견해이다.

바라문: 생멸을 관찰하는 것이 어째서 유익합니까?

부처님: 갈애, 교만, 사견을 그칠 수 있다. 윤회를 거듭하는 원인을 소멸시킨다. 열반이 열린다. 그것이 이익이다.

대다수 불자들은 사견에 묶여있다. 하지만 쉐다곤 탑에 수억의 황금을 보시해도 열반을 얻을 순 없다. 사견에서 벗어나는 일이 보시보다 다급하다. 먼저 사견에서 벗어나라. 그런 뒤 보시하라. 사견을 지닌 채로는 열반에 이를 수 없기 때문이다.

● 　부디, 귀 기울여 법문을 듣고 지혜[관하는 마음]를 발동해 오온을 관찰하라고 당부한다. 귀는 소리만 인식할 뿐, 오온에서 무슨 일이 벌어지는지를 모른다. 오직 지혜로만 알 수 있다. 부처님 당시 대중들은 귀로 법문을 들으면서 지혜로 오온을 관찰했다. 설법이 끝나면 많

> 대중들은 귀로 법문을 들으면서
> 지혜로 오온을 관찰했다.

은 사람들이 깨달음을 얻었다. 속인으로 법문을 경청하다가 성인의 반열에 올랐다. 예전에는 법문을 들으며 수행하는 것이 일반적이었다.

　법문을 듣는 선업에 그치지 마라. 생멸로 인과의 고리가 끊도록 들어라. 위빠사나 지혜가 무르익어 원인과 결과, 12가지 연기하는 현상[연기법]을 끊어낼 때 고통의 끝을 볼 수 있다. 숲속, 동굴… 특별한 장소를 찾아 헤맬 필요가 어딨

> 생멸로 인과의
> 고리가 끊도록 들어라.

나? 바라밀과 영민한 지혜만 있다면 여기서도 얼마든지 끝낼 수 있다.

　쉽게 끝낼 수 있다면 좋지 않은가? 끝내는 게 중요하다. 법문을 경청하면서 오온으로 찰나찰나 향하는(보내는) 지혜로 능숙하게 구

| 오온으로 찰나찰나 향하는 지혜로 능숙하게 구분하여 생멸을 관하면 | 분하여 생멸을 관하면 '오온은 고통일 뿐이구나'라고 알게 된다. 이때 고통의 끝을 보는 도·과의 지혜를 증득한다. |

아나타삔띠까 장자와 아들 깔라의 사례를 보자. 아버지는 수다원, 아들은 망나니였다. 아버지가 제따와나 사원에 가서 부처님 법문을 들으면 천 냥을 주겠다고 회유했다. 큰돈에 눈이 먼 깔라가 사원으로 갔다. 부처님의 법문을 경청하다가 그대로 수다원에 올랐다. 귀로 법문을 듣고 지혜는 오온을 쉼 없이 돌아가며 관찰했기 때문이다. 망나니로 집을 나섰다가 수다원으로 귀가한 깔라는 천 냥을 받을 수 없었다. 사견과 의심이 사라지자 불선이 부끄러워졌기 때문이다.

수시마 외도는 선정을 닦지 않고 위빠사나 지혜로 도지혜를 증득했다. 그는 출가 초기에는 '선정에 든 아라한은 하늘을 날고 땅속을 헤쳐 나갈 수 있다'라고 믿었다. 신통을 갈망하는 외도의 견해가 굳건한 데다 위빠사나 수행을 사마타 정도로 가볍게 여겼기 때문이다. 당시 생각하던 '깨달음'의 수준이 그랬다. 부처님께서 선정이 없어도, 예리한 위빠사나 지혜로 해탈할 수 있음을 설하셨다. 덕분에 수행에 전념했던 수시마는 비구가 행할 일을 온전히 마쳤다.

◉　　　생명이 소진돼 들이쉬고 내쉬는 숨이 멈추는 순간 죽는다. 부처님께서 '비구들이여, 사띠로 앎을 구별하며 관찰해야 한다. 이것이 나의 가르침이다'라고 강조하셨다. 오온에서 무슨 일이 일어나는지를 사띠로 관찰하면 지혜가 '이러저러하다'라고 안다.

　사띠로 마음을 한 마음이 일어나고 다음 마음이 일어나고… 줄지어 일어나는 것을 볼 수 있다. 지혜로 마음을 보면 앞마음이 견고하지 않고, 관하는 뒷 마음도 견고하지 않음을 보게 된다. 자신의 생멸을 보려고 주의를 두고 관하라. 지혜로 결정하라. 사띠를 두지 않고 지혜로 보지 못한다면 오온에서 무엇이 일어나는지 모른다.

> 지혜로 마음을 보면 앞마음이 견고하지 않고, 관하는 뒷 마음도 견고하지 않음을 보게 된다. 자신의 생멸을 보려고 주의를 두고 관하라. 지혜로 결정하라.

　무명은 모른다. 무명에 덮힌 사람은 내키는 대로 행동하고 말한다. 무명에 덮혀 선하고 불선한 인과를 동력 삼아 윤회의 바퀴만 돌린다. 하지만 사띠를 두고 지혜로 결정하면 그 밝음이 무명을 무찌른다.

　무명이 사라지면 탄생, 늙음, 죽음이 뒤따를 수 없다. 무명이 사라지면 지혜가 빛을 발한다. 사띠를 붙잡고 지혜로 관찰하면 오온에서 일어나고 소멸하는 느낌 하나하나를 볼 수 있다. 느낌 하나가

사띠는 일어남을 아는 것이고,
지혜는 소멸을 보는 것이다.

소멸한 뒤, 느낌 하나가 일어난다. 마음 하나가 소멸한 뒤, 마음 하나가 일어난다.

남자, 여자, 나, 타인…등으로 구분했음을 알게 된다. 그저 '느낌의 덩어리'임을 새롭게 알게 된다. 사띠를 부여잡고 지혜로 바라보면 실체가 있는 그대로 보인다. 빠라맛타 진리를 알게 된다.

한 느낌이 사라지면 다른 느낌이 일어난다. 지혜로 결정해야 그렇게 드러난다. 느낌 역시 생멸만 있다. 생멸을 보면 인과의 바퀴살이 부서진다. 느낌이 소멸되면 갈애가 힘을 잃는다. 사띠 정도正道, 지혜 정도正道가 생겨난다. 사띠는 일어남을 아는 것이고, 지혜는 소멸을 보는 것이다. 아무리 기도해도 도·과·열반을 얻을 수 없다. 오직 위빠사나 지혜로 관찰할 때 인과의 사슬이 끊어진다.

● 위빠사나 지혜로 무엇을 관찰하든, 일어나는 모든 것이 무상임을 알 때 도지혜에 성큼 다가선다. 무상을 낱낱이 알아차리면서 법(물질과 마음)의 무상함을 관찰해야 한다.

관찰당하는 것도 마음, 관찰하는 지혜도 마음이다. 뒷마음으로 앞마음을 관찰하면 어느 순간 앞마음이 사라져 없음을 보게 된다. 없어진 그 상태를 아는 것이 중요하다. 없음을 보아야 올바른 길에 도달한다. 일어나 바로 사라짐을 보는 것이 생멸을 아는 지혜다. 올바른 방법을 통해야만 없음을 알 수 있다.

경전에 '지금 이 순간 직시하는 이 성품'이란 표현이 자주 나온다. 무상(생멸)과 관찰하는 지혜 사이에 아무것도 끼어들지 못할 만큼 치열하게 수행해야 한다. 무명이 숨어들지 않으면 수행하는 이 순간 바로 도·과를 얻을 수 있다. 생멸을 보는 순간과 정도가 일치하는 것이 핵심이다.

없어진 그 상태를 아는 것이 중요하다. 없음을 보아야 올바른 길에 도달한다.

죽음이 덮치기 전에 지혜를 갈고 닦아야 한다. 도 지혜를 모르는 상태로 맞이하는 죽음은, 마치 무거운 바위가 깊은 강물에 떨어지는 것과 같다.

케마까는 아나함 과위를 증득한 분이다. 가르침을 받고 싶었던 비구 60명이 꼬삼비에서 존자를 방문했다. 하지만 병환에 걸렸다는 소식에 다사까 존자에게 대신 질문해 줄 것을 청했다.

비구들은 존자께 '나의 것, 타인의 것'으로 앎이 일어나는지 물었다. 케마까 존자께선 '나, 내 것이란 없다'라고 다사까 존자에게 답하셨다.

글만 읽고는 나, 내 것이란 사견에서 놓여날 수 없다. 무상, 고,

무아로 생멸을 관찰하는 수행을 해야만 사견에서 벗어난다. 삼법인을 통해 소멸을 볼 때 진리를 아는 지혜가 열린다. 지혜의 빛으로 사견이 남김없이 사라질 때, 사악처의 문이 닫힌다.

케마까 존자가 '나'에 관한 집착이 소멸됐다고 전하자, 비구들은 '그럼 존자는 아라한이십니까?'라고 물었다. 케마까 존자는 "'나'에 대한 집착은 소멸되었다. 하지만 아라한은 아니다. 왜냐하면 오온을 '나'로 동일시하진 않지만, 아직 나인 것 같다는 생각이 남아있다"라고 답하셨다. 그는 아나함 과위에 있었다. 사견에선 완전히 벗어났다. 하지만 존재를 향한 갈애와 교만은 미세하게 남아 있었다.

생을 만끽하려면 먼저 악처의 위험에서 벗어난 뒤 실컷 즐겨라. 수다원 과위에 이르면 하고 싶은 대로 해도, 교만을 떨어도 악처에 떨어지지 않는다.

비구들이 다시 묻기를 '몸이 나라고 생각하십니까? 몸 이외의 것들을 나라고 여깁니까? 느낌을 나라고 여깁니까? 느낌 밖의 것을 나라고 생각하십니까?'라고 물었다. 존자께서는 60명의 꼬삼비 비구들을 부른 뒤 비구들에게 빠둠마 연꽃을 들어 보였다. '어디서 연꽃 향기가 나올까? 수술에서 나올까? 잎에서 나올까?'를 묻고 '꽃송이 전체에서 향기가 나온다'라고 답하셨다.

오온을 '나'라고 생각하진 않지만, '나 같다'라는 생각은 미세하게 남아 있다고 답했다. 해석하면 아나함은 각 더미(물질, 느낌, 지각, 행, 의식)를 나라고 여기진 않는다. 하지만 오온을 '나 같다'고 여기는 부분이 아직 남아있다. 즉 더미(물질 등의 오온)에서 사견은 소멸했지만, 오온에서 갈애와 교만은 남아 있다.

아나함이 '나 같다'는 체취마저 사라지도록 생멸을 관찰하면 아라한 도를 성취할 것이다. 아라한 과위를 증득하면 '나 같다'는 생각이 완전히 소멸한다. 미세한 갈애와 교만까지 모두 제거된다. 하위 3가지 도를 증득할 때까지 갈애나 교만이 남아 있다. 하지만 아라한 도에 들면 모든 것이 사라진다. 그러니 아라한을 성취할 때까지 생멸을 관찰하며 분투하라.

● 아나타삔따까 장자는 건강할 때는 하루에도 2~3번씩 제따와나 사원에 가서 보시를 하거나 계행을 닦거나 설법을 경청했다. 하지만 그때까지 공空 법, 위빠사나를 듣지는 못했다. 임종이 임박한 장자가 사리불 존자께 요청하였다.

"부디 제 집으로 오셔서 죽어가는 저를 위해 법문을 해주십시오"

이에 장자의 집을 방문한 사리불 존자는 공空의 법을 설하셨다.

"집착을 버리지 않으면 집착하는 그 곳에 태어난다. 갈애, 취착은 집착이다. 갈애는 미미하지만 취착은 매우 강력하다. 위빠사나를 관하여 무상, 고, 무아를 아는 수행자는 집착에서 벗어난다. 지혜로 집착을 끊어낸 수행자에게는 집착이 소멸된 오온만 일어난다. 현생도 내생도 원치 않는다. 오온을 위빠사나로 관찰하여 갈애와 취착이 파괴되면 마침내 업이 소멸된다."

장자가 "왜 이제야 말씀해 주십니까?"라며 감격과 회한의 눈물을 흘렸다.

존자께서 "예전에는 받아들이지 못할 것이라서 설하지 않았다. 들을 준비가 된 수행자에게 설한다."

이에 장자가 간곡하게 청하였다.

"다가온 죽음을 바라보며 감히 청합니다. 부디 번뇌의 때가 덜 낀 지혜로운 사람들에게 설법해 주십시오. 특히 '아무것도 집착하지 마라, 오직 고통의 진리, 생멸만 있을 뿐'이라고 하신 말씀을 부디 대중들에게 들려 주십시오."

사리불 존자께서 마지막으로 말씀하셨다.

"공空으로 인도하지 않는 법은 열반의 길잡이가 될 수 없다. 어디에도 '나, 내 것'이란 없다. 모든 것은 그저 일어났다가 사라질 뿐이다. 이것이 생멸하는 오온, 즉 고통의 진리, 공空 법이다. 공空의 정도正道가 일어나 취착이 파괴되면 더 이상 일어날 오온이 없다"

장자는 믿음으로 이미 과위에 도달한 수다원이었다. 사리불과 아난다 존자가 사원에 도착하기 전에 죽음을 맞이한 아나타삔띠까는 천상계의 천인으로 태어났다.

천상의 향락에 취해 임종 직전 들었던 공空 법을 잊어버릴까 두려워하던 아나타삔띠까 천인이 인간계로 내려와 부처님을 친견했다. 천인은 "공空을 관하는 팔정도의 진리를 들었습니다. 생멸을 보고, 생멸의 끝을 확인하는 팔정도는 번뇌를 청정히 하여 일체의 고통을 여읜 열반으로 인도하는 정법입니다"라고 찬탄하자, 부처님께서 침묵으로 긍정하셨다.

다음 날 아침, 부처님께서 아난다 존자에게 "지난밤 아나타삔띠까 천인이 내려왔다. 그가 '팔정도를 통해야 번뇌를 청정히 하고 열반을 증득할 수 있습니다. 공空에 이르러야 취착이 소멸됩니다'라며 확언하고 올라갔다."라고 전해주셨다.

"취착이 소멸돼야 오온의 막이 내린다. 모든 것이 생멸뿐이라고 관찰할 때 공한 성품이 일어난다. 가문, 재물, 궁리로는 열반에 이를 수 없다. 책을 읽어 되는 길이 아니다. 팔정도를 수행하고 오온의 근본 성품을 관찰하는 길이다. 오직 지혜로만 열반을 볼 수 있다. 계행과 사마디가 지혜를 뒷받침한다."라고 말씀하셨다.

⚫ 밀란다 왕과 나가세나 존자의 대화도 의미심장하다.

밀란다 왕: 어떻게 생멸로 열반에 도달합니까?

나가세나 존자: 위빠사나로 일어나고 사라지는 물질과 정신의 현상을 끊어짐 없이 관찰하는 수행자는 생멸 너머에 있는 열반에 도달합니다. 초보자는 생멸과 지혜만 닦아야 합니다. 생멸이 능숙해지면 소멸만을 보기도 합니다. 생멸을 두려움과 위험으로 인지하며 지혜의 상위단계로 나아갈 것입니다.

'생멸 너머의 열반에 도달한다'처럼 생멸을 보고 오온이 사라진 마음에는 지혜만 있다. 이 지혜가 생멸 너머로 인도한다. 생멸은 고통의 진리(고성제)이다. 생멸이 없는, 고통이 소멸한 곳이 열반(멸성제)이다. 고통을 보고 고통을 소멸시키는 지혜로 건너간다. 지혜는 생멸(고성제)에서 생멸이 없는 열반의 자리로 고개를 돌렸다. 오온의 생멸을 반복해서 관하면, 지혜가 오온이 소멸한 열반으로 이동시킨다.

● 위빠사나 수행은 고통을 끝내는 과업이다. 보시에만 열중하면, 윤회의 고통을 끝내지 못한다. 고성제(생멸)를 관찰하는 수행자만 고통에서 해탈할 수 있다. 실재(빠라맛타)에 접근하는 방법은 관하는 마음을 앞에 두고 행하는 것은 뒤에 두어야 한다. 대상을 따라가지 말아라. 요즘 수행자들은 잘못된 수행만 한다.

고통의 진리(생멸)를 알 때 윤회의 인과가 끊어진다. 열반을 증득하려면, 고통의 멸이 일어나도록 수행해야 한다. 고통을 끊지 못하면 고통의 원인만을 키운다. 고통의 원인을 키우는 사람은 장님이다. 고통을 왜 끊지 못하는가? 고통의 진리를 모르기에 인과의 바퀴를 굴린다.

실재(빠라맛타)에 접근하는 방법은 관하는 마음을 앞에 두고 행하는 것은 뒤에 두어야 한다. 대상을 따라가지 말아라.

여러분이 눈을 뜨는 순간, 나는 두렵다. 눈을 뜨면 좋은 것이 보인다. 좋아하면 원하게 된다. 원하면 집착이 생긴다. 집착이 커지면 얻고 싶다. 이처럼 업을 계속 일으키면서 생이 일어나고 악처에 태어난다. 고통으로 귀결되는 것을 알기 때문에 하는 말이다. 여러분의 귀가 멀었으면 좋겠다. 들리면 성냄을 일으킨다. 근심, 비탄, 진심 등을 쉴 새 없이 증폭시킨다. 눈과 귀로 감각적 대상만 보고 들으며 인과의 바퀴만 세차게 돌린다. 이래서야 어찌 악처를 모면할 수 있겠는가?

보시에 의탁하지 말아라. 살면서 행한 업들이 보시로 탕감되겠는가? 밥 먹을 때 느낌, 갈애, 집착, 업이 일어나는 이유는 계행을 어겼기 때문이 아니다. 수행이 부족하기 때문이다. 대상은 쉴 없이 육문에 접촉한다. 육문을 보호하고 관찰하지 않기 때문에 악처로 떨어지는 업을 계속 짓는다. 쾌락, 악함, 해치려는 의도를 키우지 마라. 일어나는 생각을 봐야 고통의 진리에 다가설 수 있다. 관찰하는 마음이 정도正道의 진리다. 오직 진리만 숙고하라.

🔆　　부처님을 친견하려는 사람들이 잔갈라의 황금 대나무 숲으로 몰려들었다. 부처님께서 이교도 웃따라와 문답하셨다.

부처님: 그대의 스승은 감각처를 어떻게 보호하라고 가르치는가?'

웃따라: '눈을 감아라. 귀를 닫아라, 코, 입, 혀 등을 모두 닫아라'라고 가르쳐 주십니다.

부처님: 그렇다면 선천적인 소경과 귀머거리는 자동으로 열반을 얻는가?

이에 웃따라는 묵묵부답하였다.

아난다 존자가 비구들을 불러 모으자 부처님께서는 이교도의 대학에서 가르치는 감각기관 보호법의 그릇됨을 지적하신 뒤, 성자들이 감각기관을 보호하여 윤회의 인과를 끊었던 방법을 상세히 설명해 주셨다.

눈으로 보면서 좋아하고 즐기는 마음의 변화를 계속 관찰해야 한다. 좋아하고 즐거워하는 마음의 무상함을 새겨야 한다. 즐기는 마음을 뒤따라, 무상을 새기는 마음이 서면 즐기는 마음이 사라

진다. 마음이 소멸하면 연결할 고리가
없어 인과의 사슬이 끊어진다. 즐기는
마음의 생멸을 관찰하라. 앞마음이 일
어나고 사라지는 것을 관찰하는 뒷마
음이 정도正道의 마음이다. 생멸을 바
싹 붙어 관해야 정도가 일어난다.

앞마음이 일어나고 사라지는 것을
관찰하는 뒷마음이 정도正道의 마
음이다.

　원인이 소멸이 되어야 갈애, 강한 집착, 업이 뒤따를 수 없다. 미
운 사람을 보면서 일으킨 성낸 마음의 생멸을 관하라. 정도正道가
생멸을 밀착 관찰할 때 눈에서 일어난 인과의 고리가 끊어진다. 탐
욕, 진심, 혼미함의 생멸을 관하라. 어떤 마음이건 일어나는 마음
과 느낌의 생멸을 관찰하라. 모든 현상의 생멸을 온전히 관찰하면
인과의 고리가 끊어진다. 그렇게 수행할 때 탄생, 늙음, 죽음에서
벗어날 수 있다.

　보고, 듣고, 생각하고… 무엇이 어떻게 일어나건 그 마음의 생멸
을 관찰하라. 온전히 알아차릴 때 위빠사나 평정이 일어난다. 생멸
을 관하는 지혜가 위빠사나 평정이다. 연이어 상카루벡카[현상계에
서 평정시키는 지혜], 아누로마[도에 순응하는 지혜], 고뜨라부[범부를 벗어
나 성자의 혈통을 잇는 지혜], 도지혜 등이 일어난다.

생멸은 상카라(조건의 진리)다. 생멸을 제대로 알면 위빠사나 정도
正道, 위빠사나 평정이 일어나 도道로 나아간다. 위빠사나 평정과
상카루벡카 지혜가 도道 지혜로 올라선다. 볼 때는 보이는 대상을
관찰하지 마라. 오온을 대상으로 일어나는 마음을 관찰하라. 눈으
로 보는 대상의 생멸을 관해야 한다. 방법을 제대로 알면, 열반이
라는 엄청난 과업도 의외로 쉽게 달성된다. 육문의 생멸로 관하는
것이 감각기관을 보호하는 일이다. 이처럼 눈을 뜨고도 수행하는
방법을 들은 웃따라는 여태 잘못된 방법을 배웠음을 알았다. 눈을
뜨되, 보이는 대상이 아닌 대상의 생멸을 관하라!

● 수행을 열심히 하는데 도·과·열반을 증득하지 못하는
이유는 무엇일까?

수행은 열심히 하는 데 도·과·열반을 얻지 못하는 이유는 무엇
인가?

1) 설법을 제대로 경청하지 않아 진리를 모르기 때문이다. 도·
과를 성취할 때까지 정진하지 않기 때문이다. 올바른 설법
을 마음에 새기지 않고 수행을 완전히 끝내지 않으면 결코
도·과를 증득할 수 없다.

2) 수행은 하지만 번뇌에 끄달렸기 때문이다. 갈망, 집착, 악한
친구들은 번뇌를 키운다. 불량한 벗과 어울려서는 도·과를

증득할 수 없다.

3) 스승의 능력이 미숙하기 때문이다. 미숙한 스승도 방법과 길은 알려줄 수 있다. 하지만 도·과로 직접 인도하기는 어렵다.

사리불 존자와 다닌자니 바라문의 사례는 세 번째가 얼마나 중요한지 보여주는 일화다. 사리불 존자께서 임종에 이른 다닌자니 바라문에게 법을 설하셨다. 하지만 위빠사나가 아닌 범천계로 인도하는 자애관을 가르친 결과, 다닌자니는 범천계에 태어났다.

부처님께서 '다닌자니는 도와 과를 증득할 인연이 있는데, 사리불의 그릇된 인도 때문에 범천계로 갔다'고 질책하셨다. 열반으로 인도하는 위빠사나 수행 대신 자애 수행을 가르친 오류를 지적하신 것이다. 부처님의 질책을 받은 사라불 존자는 범천계로 올라가 다닌자니 범천에게 위빠사나를 설하였다.

"눈에 보이는 것은 고통이다. 하지만 그 생멸을 관하면 정도正道가 된다. 보는 마음과 정도가 빈틈없이 연달아 일어나면 느낌, 갈애, 강한 집착, 업이 뒤따를 힘을 잃는다. 이에 고통의 원인이 될 번뇌와 행위가 저절로 끊어진다. 번뇌의 업, 행위의 업, 과보의 업이 자동적으로 끊어진다. 위빠사나 관법은 이 세 가지 업을 끊는 일이다. 업에서 벗어날 때 소멸되어 열반이 드러난다. 고통의 원인과 고통의 소멸이 동시에 일어나 멸성제, 열반이 드러난다. 조건에 결박된 모든 것이 고성제, 이를 관하는 것이 도성제, 고통의 원인이 집성제, 과보의 업에서 해탈한 것이 멸성제이다. 사성제는 동시에 일어난다. 생멸을 관하는 자리에서 열반이 드러난다."

사리불 존자는 다닌자니 범천을 위해 마음을 관찰하는 심수관도 가르쳤다.

사리불께서 '모든 것의 종결인 열반에 이르면 사견과 의혹이 끊어져 사악처를 벗어난다' 등 법을 설하는 동안 다닌자니 범천은 수다원을 증득하였다. 연이어 사다함, 아나함, 아라한을 얻었다. 이처럼 가르침의 핵심이 빠지면 열반을 증득할 수 없다. 무수한 생멸을 보고 두려움과 혐오가 일어났더라도, 수행이 완성될 때까지 생멸을 관찰하지 못하면 열반에 이를 수 없다. 수행의 완성에 이를 때까지 정진하라.

⬤   전심으로 부처님의 가르침을 믿고 따르라. 오온을 알아차림할 때 지혜를 사이에 넣어라(멸을 확인하는 앎). 신심과 지혜가 조화롭게 짝을 이루도록 노력하라. 어떤 순간을 알아차리건 빈틈이 있어선 안 된다. 그때서야 '아, 부처님의 가르침이 정말 거룩하구나! 생겨난 것은 소멸하는구나. 지혜가 멸을 확인하는구나!'라고

통찰하게 된다.

　신심을 바탕으로 지혜(관법)로 수행
하면, 정진력과 사마디가 조화를 이
루며 증폭된다. 다만 정진이 지나치

생겨난 것은 소멸하는구나,
지혜가 멸을 확인하는구나!

면 오히려 산만해지고, 사마디가 과도하면 혼침에 압도당한다. 오
근五根이 서로 조화를 이뤄야 한다.

　'유신견이 무엇입니까'라고 한 비구가 질문했다.

　오온이 유신견이다. 오온을 나, 내 것으로 여기는 것이 사견이다.
오온과 사견이 뒤엉켜 나, 내 것이라며 품은 것이 유신견이다. 보는
마음에 '내'가 달라붙어 유신견에 갇힌 범부는 진리를 볼 능력이
부족하기 때문에 열반을 증득할 수가 없다.

　사견을 벗지 못하면 도와 과를 증득할 수 없다. 관찰할 때 뒤섞
으면 안 된다. 안식眼識이 시각 물질을 통해 대상(사물)을 본다. 이
식耳識이 청각 물질을 통해 대상(소리)를 듣는다. '내'가 보고, '내'가
듣는 게 아니다. 보고, 듣고, 먹고, 냄새를 맡고, 가려움을 느끼는
행위 중에서 '내'가 주관할 수 있는 것은 한 톨도 없다. 그저 마음
이 일어났다 사라지는 것 뿐이다. 어디에도 '내 자리'란 없다. 실재
에 '나'를 뒤섞지 마라. 법을 경청한 사람은 이 차이를 이해할 것이
다.

난무하는 추측이나 말로 되는 게 아니다. 오로지 물질과 정신만 있다. 정신이 명령하면 몸(물질)이 따른다. 이 정도 들었으면 조금은 유신견을 벗어던져야 한다. 관찰하고 관찰하는 순간마다 마음이 일어났다 사라질 뿐, 어디에도 '나'는 없다. 내 소관으로 만들 수도 없다. 그저 내 앞에 나타나서 내 앞에서 소멸할 뿐이다. 이렇게 생멸을 거듭 관찰해야 사견에서 벗어날 수 있다.

> 소멸을 알아차리지 못하면, 삼법인이 증장될 수 없다. 그러니 소멸 알아차려라.

소멸을 알아차리지 못하면, 삼법인이 증장될 수 없다. 그러니 소멸 알아차려라. 오온을 구분하여 알아차릴 때 냐따빠란냐(각각으로 구분하는 앎)가 생긴다. 사견을 제거해야 사악처의 문이 닫힌다. 그렇다면 언제까지 생멸을 바탕으로 삼법인을 증장시켜야 하는가? 생멸이 고통의 진리(고성제)다. 생멸을 알아차릴 때 오온의 덩어리가 흩어진다. 오온에서 생멸이 그칠 때 고통의 끝, 도지혜가 일어난 것이다. 수다원을 증득한 것이다.

> 생멸이 고통의 진리(고성제)다. 생멸을 알아차릴 때 오온의 덩어리가 흩어진다.

사견을 벗어난 수다원은 악처에 심을 씨앗이 한 톨도 없다. 윤회의 무거운 짐을 덜어냈다. 그러니 수다원 도와 과를 증득할 때까지, 생멸의 끝,

종착역까지 수행을 놓치지 마라. 생멸의 고통을 치열하게 관하면 어느 순간 끝난다. 고통이 온전히 사라진 고요와 적정에 도지혜가 있다. 적정

생멸의 고통을 치열하게 관하면
어느 순간 끝난다.

은 열반이고 이를 아는 마음이 도지혜다. 열반과 도마음이 결합하면 수다원에 오른다. 도를 이루면 사악처에 태어날 업도 결과를 낳지 않는다[아호시깜마: 과보를 낼 기회를 잃어버린 업]. 악처에 태어나지 않는다.

숱한 악행을 저지른 악인도 수다원을 증득한 순간 사악처의 짐을 벗는다. 도지혜가 선과 불선 모두를 단칼에 베어내 인과를 끊기 때문이다. 업의 부채를 오온으로 이자까지 쳐서 갚으려는가? 도지혜로 탕감받을 것인가? 발심해 볼 가치가 충분하지 않은가?!

도道를 증득하는 순간 오온에서 연유한 인과의 빚을 탕감받는다. 생멸이 종결될 때까지 알아차림을 붙들어라. 업의 빚을 오온으로 상환하지 마라. 지혜로 탕감받아라. 생멸의 끝을 보는 지혜로 갚아라. 부디 죽음이 오기 전에 수행하라. 너무 늦지는 마라.

● 　부처님께서 제따와나 사원에 계실 때, 부미자 존자가 빔비사라 왕의 막내아들 자야세나 왕자 집으로 탁발을 나갔다가 왕자의 질문을 받았다.

"저는 부처님의 설법을 직접 들은 적이 없습니다만, 기도나 염원이 아무리 간절해도 열반을 얻을 순 없다고 전해 들었는데 왜 그렇습니까?"

부미자 존자는 "아무리 정성껏 기도를 올려도 관점이 바르지 못하면 법을 얻을 수 없습니다."라고 설명해 주셨다.-마음을 두는 관점(빠라맛타를 보기 위해 '느낌, 생멸, 현재'의 관점을 마음에 두고서 대상을 관찰해야 한다.)

기도는 필수 요건이 아니다. 어떤 관점으로 보느냐가 핵심이다. 그릇된 마음 때문에 인간, 천인을 갈망한다. 중생의 끄트머리에서 아무리 서원한들 열반을 볼 수 없다. 생을 갈망하고, 고통을 갈구하는 기도로는 이룰 수 없다. 기도를 하든 안 하든, 그릇된 마음으로는 아무것도 이룰 수 없다. 마음에 바른 관점을 둔다면, 기도를 하든 안 하든 법으로 성큼 다가설 수 있다.

**바른 관점이란 어떤 것인가?
오온의 생멸을 보는 것이다.**

바른 관점이란 어떤 것인가? 오온의 생멸을 보는 것이다. 무수한 생멸을 관하면 오온을 혐오하게 된다. 이에 고통을 아는 지혜가 일어난다. 고통의 진리를 무수히 관하면, 고통을 원치 않는 지혜가 생겨나 고통을 벗을 수 있다.

올바른 관점을 마음에 새겨야 열반이 드러난다. 기도가 아니라, 바른 관점이 핵심이다. 범부가 탐착하는 오온이 열반을 가린다. 오온이 그친 자리에 열반이 드러난다. 오온에 숨어있는 무명이 오온의 무상함과 고통을 가린다. 무명과 오온이 겹겹으로 열반을 덮는다. 바른 관점으로 대상을 볼 때 열반이 드러날 것이다.

무명이 지혜로 전환되고, 오온을 고통으로 보는 바른 관점이 핵심이다. 열반을 감추는 오온과 무명을 먼저 걷어내야 한다. 무명이 사라져야 오온의 실재 생멸을 보고 고통의 진리를 마주할 수 있다. 고통의 진리가 소멸되는 순간 열반이 드러난다. 도道를 서원하는가? 그렇다면 기도에 매달릴 게 아니라, 수행에 전념해야 한다. 쉼 없이 생멸을 찾아내고 무수히 관찰하면서 무상, 고, 무아를 증장시켜야 한다.

부처님께서 '모래를 넣은 기름 압착기를 아무리 돌려도 참기름을 얻을 순 없고, 아무리 소뿔을 비틀어도 우유를 얻을 순 없다'고 비유하셨다. 참깨를 넣어 돌리면 기도를 안 해도 참기름이 술술 나온다. 이처럼 바른 관점을 통해 실재를 보는 지혜가 생기면 혐오의 지혜, 도지혜를 얻을 수 있다. 생멸을 보는 사람은 바른 관점이라는 핵심을 갖추었다. 무명에 덮인 채 기도라는 갈애를 쥐어짜지 마라. 참깨를 넣고 압착기를 돌리면 참기름이 나오는 것처럼, 올바른 관점이 있다면 어느 날 열반을 볼 것이다. 실재 생멸을 무수히 보고, 생멸을 두려워하고 혐오한다면 생멸의 끝에 이를 것이다.

⬤　　어느 날 부처님께서 '현자와 우자를 어떻게 구분하는가?'라고 물으시자, 비구들은 '지혜가 부족해 모르겠습니다'라고 답했다. 이에 부처님께서 차이를 설명해 주셨다.

현자나 어리석은 사람이나 거쳐온 길은 같다. 무명, 행[과거생의 행], 의식, 몸과 마음, 여섯 감각 기관[육입], 접촉, 느낌 등 같은 길을 따라 현생에 도착했다. 어리석은 사람은 오온을 애착하고 집착하여 오온을 보살피느라 귀한 생을 소진하다 내생으로 떠밀려간다. 반면 현자는 위빠사나로 오온을 관하고 삼법인을 숙고하면서 정도正道를 갈고 닦는다. 갈애, 강한 집착, 업 등 고통을 일으키는 원인을 뿌리 뽑아 탄생, 늙음, 죽음에서 벗어난다.

어리석은 자는 오온에 갈애를 입히고 덧입힌다. 현자는 갈애 뒤에 정도正道(생멸로 알아차림)를 세운다. 무상, 고통, 무아로 오온을 관찰하는 정도正道를 수련해 갈애를 소멸시킨다. 반면 어리석은 자는 오온을 애착하는 갈애, 강한 집착, 업을 보태고 쌓다가 탄생, 늙음, 죽음으로 끌려간다. 현자는 고통의 원인과 고통의 뿌리를 끊어 열반으로 향한다. 사실 현자, 우자라는 명칭은 관념적 구분에 불과하다. 정신과 물질의 연속성이 다를 뿐이다.

아무리 어리석은 사람도 12연기법[갈애, 강한 집착, 업 등]을 따라가지 않고 끊어낼 수 있다면 곧바로 현자가 된다. 갈애, 강한 집착, 업에 의지하지 마라. 현자는 가차 없이 버린다. 사람, 중생으로 받아들이면 틀렸다. 실재란 물질과 정신의 생멸뿐이다. 오직 법의 성품뿐이다.

오온을 덩어리, 연속으로 관찰하면 열반에 도달할 수 없다. 물질을 관찰할 때는 신수념, 느낌을 관찰할 때는 수수념, 마음을 관할 때는 심수념이다. 사념처로 오온을 구분하라. 오온에는 생멸만 있기 때문에 고통의 진리이다. 이를 생멸로 관하면 사성제가 완성된다. 평소 자신이 선호하는 사념처를 선택해 위빠사나로 관하면 된다.

사견이 많은 사람은 심수념이 적합하다. 욕계는 욕계 마음으로 관찰한다. 색계, 무색계, 출세간 마음으로는 관찰하기 어렵다. 불선한 마음, 선한 마음, 들이쉬는 마음, 내쉬는 마음, 탐욕이 그친 마음 등으로 관찰하라. 마음이 일어나고 사라지는 그 생멸을 관찰해라. 적합한 대상이 없으면 들숨, 날숨의 생멸을 보면 된다.

집주인으로 앉아 들숨날숨이 코끝에 닿는 느낌을 관찰하라. 육문에서 다른 마음들이 생겨나면 그 마음을 따라가 알아차려라. 눈, 귀, 코 등을 통해 접촉되는 느낌은 각각 다르다. 다른 것이 생멸이다. 생멸을 보면 정도正道가 된다. 생멸과 정도가 빈틈없이 밀착하여 맞아떨어질 때 번뇌가 사이에 끼어들지 않는다. 그러면 아침에 수행을 시작해 밤에 법을 얻고 끝낼 수 있다. 번뇌가 끼어들면 법을 얻을 수 없다.

생멸을 보면 정도正道가 된다.

● 지옥의 뿌리는 최대한 빨리 잘라내야 한다. '나, 내 것, 내가 한다'라며 먹고, 입고, 즐기는 마음이 지옥의 뿌리다. 원인을 만나 일어난 마음을 '나'라며 부여잡지 마라. 어떤 마음이든 일어나면 그저 '마음이 일어났구나'라고 아는 정도만 관찰하라. 의미를 부여하지 말고 단지 생멸하는구나, 조건에 의해 일어나 사라질 뿐이다. 이 마음은 내가 아니다'를 알아차리면 된다.

원인을 만나 일어난 마음을 '나'라며 부여잡지 마라.

내 것, 내 마음이 아님을 알아차려라. 핵심은 '나'라는 집착을 떨치는 것이다. '나'와 집착을 분리하면 사견은 절로 사라진다. '내 것'이 아님을 알아차리면 갈애도 힘을 잃고 떨어져 나간다. 어떻게 해야 사견에서 벗어날 수 있을까? 어떠한 마음이 일어나든, 일어나 사라지는 것을 보기만 하면 된다. 오온이 일어난 것뿐이라고 알아

차리면 사건에서 분리된다. '나'를 뒤
섞지 않고 현재 생멸을 보는 것이 위
빠사나다.

'나'를 뒤섞지 않고 현재 생멸을
보는 것이 위빠사나다.

일어나는 마음마다 낱낱이 알아차리면 굳이 사건에 신경을 쓸
필요가 없다. 저절로 사람, 중생, 남자, 여자 등의 관념이 사라지기
때문이다. 다만 유신견을 벗었을 뿐, 상견(영원하다)과 단견(끝난다)은
아직 남아 있다. '나'라는 씨앗을 심으면 갈애, 강한 집착, 업이 자
란다. 불선 마음을 증폭시키는 사견이 지옥으로 이끄는 뿌리다.

갈애, 강한 집착, 업이 원인과 결과로 연속해 일어난다. 이를 이
해할 때 단견에서 벗어난다. 단견을 벗어나야 수다원에 오른다. 오
염된 사견으로는 법을 얻을 수 없다. 갈애가 일어나 소멸되고, 강한
집착이 뒤따라 생멸한다. 이들이 소멸하고 사라지는 것을 알면 '견
고하고, 항상하다'는 상견이 청정해진다. 이를 아는 순간 더 이상
악처에 태어나지 않는다.

매 순간 생멸을 연속하는 물질과 정신은 파괴되지만, 원인과 결
과로써 서로 영향을 주고받는다. 매 순간 물질과 정신의 멸을 볼
때 상견이 청정해진다. 인과로써 계속 연결되는 것을 본다면 단견
이 청정해진다.

오늘은 앙굿따라니까야에서 언급하신 '죽음 직전의 마음'을 공부해 보자. 한 바라문과 부처님의 문답이 다음과 같이 이어졌다.

바라문: 저는 죽음 앞에 당당한 사람을 못 봤습니다. 왜 죽음을 두려워합니까?

부처님: 바라문이여! 죽음이 두려운 사람도 있고 담담한 사람도 있다. 세상에는 두 부류가 있음을 명심하라.

바라문: 왜 다른지 상세히 설명해 주십시요.

부처님: 바라문이여! 진리를 모르는 사람은 죽음이 두렵다. 반면 진리를 아는 사람은 죽음이 두렵지 않다. 기쁘게 죽음을 맞이한다.

인과를 알고, 생겨나고 소멸하는 것이 물질과 정신의 올바른 성품임을 알기 때문이다. 죽는 순간 곧바로 다음 생이 일어난다. 죽음 의식이 소멸하는 순간, 탄생 의식이 연이어 일어난다. 죽음의 고통이 끝나면 탄생의 고통이 시작된다. '업을 쫓아 형성되는 물질과 정신은 생멸한다. 진리를 아는 사람은 모든 것은 필연적으로 생겨나서 소멸한다'라고 지혜로 알고 있기 때문에 죽음을 두려워 하지 않았다.

지혜로 진리를 철견하면 두려움이 사라진다. 법의 성품을 바르게 아는 지혜는 대상을 '사람, 중생, 나, 타인'으로 나누지 않는다.

대상을 좋아하거나 애착하거나 갈망하지도 않는다.

(업에 의해 형성되는) 물질과 정신이 각자의 성품에 따라 쉼 없이 생멸하는 것을 지혜로써 알기 때문에 두려울 게 없다. 죽음조차 두렵지 않으니 평화롭고 아름답게 떠난다.

반면 진리를 모르는 사람은 두려움에 압도돼 지옥에 떨어지기 쉽다. 진리를 모르기 때문에 영혼이 있다는 유신견과 '나'에 집착한다. 나, 내 아들, 내 재산 등에 집착하며 익숙한 현재에 탐착한다. '내가 죽는다'며 비탄에 빠진다. 진리를 모르기 때문에 탐하고 성내고 어리석은 상태로 죽음을 맞이한다.

두려움에 압도당한 채 죽으면 나쁜 정도로 끝나지 않는다. 사견에 끄달려 악처에 떨어진다. 도를 증득하지 못한 이상 피할 수 없다. 인간은 모두 죽음의 길을 걷는다. 찰나마다 죽음으로 향하고 있다. 오늘일지 내일일지 먼 훗날일지 자신도 모른다. 탄생만큼 죽음도 필연이다. 자신이 맞이할 죽음을 숙고한다면 수행을 안할 수가 없다.

지옥에는 고통만 있다. 고통 뒤에 고통, 이 고통과 저 고통이 틈 없이 이어진다. 지옥 자체가 고통이다. 지옥으로 이끌었던 진심嗔心에, 지옥에서 겪는 고통이 덧쌓여 불선한 업이 가중된다. 불선한 업이 과보로 계속 연결되기 때문에 지옥에서 500년을 살더라도,

지옥을 헤어 나올 선업을 쌓을 수가 없다. 그래서 지옥의 고통은 '끝을 기약할 수 없다'라고 하는 것이다.

열심히 수행하여 이번 생에서 마쳐야 한다. 가쁜 숨을 내쉬며 죽음과 사투하는 순간 지옥 영상이 보인다면, 지금 잘난 체하는 만큼 눈물을 쏟을 것이다. 그 순간에는 자식, 남편, 친구는 머나먼 곳에 있다. 부처님도 구해줄 수 없다. 날카로운 칼날 위에 파리 한 마리를 놓고 누르면 즉사해 버린다. 죽음 직전 마음 이 찰나에 다음 생이 확정되고서 생이 끝난다. 자연의 법칙이다. 현생을 끝내는 동시에 이미 확정된 내생으로 끌려간다. 그래서 죽음 직전 마음이 중요하다. 마지막 찰나에 나를 돕거나 구해 줄 존재는 어디에도 없다. 고통에 사로잡혀 임종을 맞아서는 안된다. 고통이 없는 자리, 편안한 자리에 마음을 두어야 할 것이다.

한 생에서 벌어지는 가난과 부귀에 끄달리지 마라. 가난하다고 비굴하지 말고 부귀하다고 자만하지 마라. 지옥 수명에 비하면 현생은 분, 초에 불과하다. 겁주려는 게 아니다. 반드시 가야 하고 필연적인 종착점임을 강조하는 것이다. 남겨진 시간이 참으로 짧다. 이토록 소중한 시간을 자식, 사업 등 세상사에 허비해서야 되겠는가? 생멸을 낱낱이 더 많이 보는 일이 가장 다급하다. 단계를 올라가면 더 미세한 생멸을 볼 수 있다. 생멸이 그친 곳에 닿으면 '할 일을 마친 지혜'가 드러난다.

육신의 실체는 '물질과 정신의 생멸'뿐이다. 그 외는 아무것도 없다. 그렇게 확신하고 알아차려야 한다. 생하고 멸하니까 고통이다. '고통의 진리', 실체의 고통을 확실하게 알면 오직 생멸뿐인 실체를 두려워하고 혐오하게 된다. 혐오의 끝에 닿아야 생멸 없는 자리로 달려갈 수 있다. 그것이 '고통이 소멸한 자리, 열반'이다. 위방가 주석서에는 '도성제(팔정도)가 고통이 그친 열반으로 인도한다'라고 나와 있다. 대상이 열반으로 바뀌었다.

온 힘을 다해 수행하는 것이 자신을 존중하는 일이다. 수행할 때 '오욕에 관한 생각, 진심嗔心, 해치려는 생각' 등을 출구로 삼지 마라. 망상에 휘둘린다. 망상을 여의고 번뇌가 끼어들 틈이 없으면 빠르게 깨달음을 성취할 수 있다. 망상이 일어나면 자신을 훈계하면서 벗어나야 한다. 망상에 휘둘리는 것은 부끄러운 일이다. 왜 망상이 계속 일어날까? 무지에 뒤덮여 부끄러움과 두려움을 분별하지 못하기 때문이다. 무지가 발동하면 불선한 행위가 얼마나 부끄럽고 두려운지를 모른다. 스스로를 제어하지 못하는 것은 인간으로서 부끄러운 일이다. 망상에 사로잡혀 뒤엉킨 수풀에서 제멋대로 난동을 부린다. 이런 마음은 단번에 뿌리 뽑아야 한다.

현재 내가 지닌 신심, 의도, 지혜의 크기만큼 얻을 수 있다. 조건이 부합하지 않으면 세속의 선업은 결실을 맺지 못한 채 소멸되는 경우가 부지기수다. 하지만 출세간의 업은 절대 그럴 수 없다. 수행은 지금 스스로 직접 체득해 결실을 얻는 일이다. 타인의 조력 없이도 법의 정수에 닿을 수 있다. '시작도 알 수 없는 윤회계를 떠돌면서 한 번도 경험하거나, 알지 못했던 법을 수행으로 지금, 이 순간 바로 체득할 수 있다. 뼈가 가루가 되고 살이 바닥에 들러붙어도 결코 물러서지 않고 정진해 대장부의 힘을 드러낼 것이다'라며 자신을 독려하라.

열반으로 인도하는 법문은 '잘 설한 법'이다. 마음을 채근하라. 지혜가 닿는 만큼 법의 공덕을 떠올려 마음에 힘을 보태라. 수행에 진전이 없더라도 법을 의심해선 안된다. 그릇된 방법을 따르고 있는지를 점검해야 한다. 진실로 바르게 수행한다면 현재에서 직접 결과를 볼 수가 있다. 시간을 지체하는 것은 정법이 아니다. 열반은 가장 가까운 내 안에 이미 있다. 물질과 정신이 일어나고 사라지는 생멸의 끝에 열반이 있음을 명심해야 한다.

'바라밀을 더 닦은 뒤 수행하겠습니다. 아직 제 바라밀이 부족해서요'라며 수행을 미루는 사람은 어리석음, 둔함에 게으름까지 보태는 것이다. 깨달음은 지혜의 유무에 달렸다. 바라밀이 필수가 아니다. 그러니 바라밀을 핑계로 빠져나가지 마라. 진리를 설명하고 가르쳐 주는 스승을 찾아 진리를 듣는 귀만 있다면 지금 여기 이 순간에 도·과를 성취할 것이다.

대나무 두 개를 미친 듯이 맞비비면 불꽃이 피어난다. 하지만 가만히 두면 불이 일어날 수가 없는 것처럼 열반은 전심으로 전력투구할 때 일어난다. 노력하는 사람만 볼 수 있고 증득할 수 있다. 쉬지 않고 대를 맞비비는 사람처럼 열반을 지향하는 수행자는 젖 먹는 힘까지 짜내며 정진해야 한다. 열반은 생멸을 관하여 무상, 고통, 무아를 부단히 증장시킴으로써 도성제에 도달하는 과업이다.

'대상의 생멸을 알아차려 지혜로 숙고하라'는 말은 알아차림을 앞에 두고, 지혜가 뒤에서 지켜보는 것이다. 오온에 알아차림을 두고 지혜로 관찰하여, 오온의 소멸을 본다면 무상을 아는 것이다. 오온이란 여러분의 몸과 마음이다. 물질, 느낌, 지각, 형성력, 의식이다. 물질과 정신을 관찰하여 숙고하면 물질도 무상, 정신도 무상일 뿐이다.

> 생멸을 기다리는 것이 알아차림,
> 바라보는 것이 지혜다.

오온은 무상하다. 끊임없이 생멸하는 무상이다. 물질과 정신이 일어나고 사라지는 것을 지혜로 보라. 정도正道를 바짝 붙여 소멸한 자리를 관찰하라. 관찰하면 세속의 도道를 얻는다. 알아차림으로 생멸을 겨누고 지혜로 바라보라. 생멸을 기다리는 것이 알아차림, 바라보는 것이 지혜다. 쉼 없이 변하는 것이 무상, 이를 아는 것이 정도正道다.

찰나의 물질과 정신과 알아차림이 딱 맞아야 한다. 실재와 알아차림이 맞지 않으면[순간의 생멸을 보지 못하면] 탄생, 늙음, 죽음을 거듭 윤회한다. 윤회계를 무수히 돌았지만 여태 법을 얻지 못한 이유는 실재와 멸을 보는 알아차림이 일치하지 않았기 때문이다. 실재는 생멸하는 무상이다. 실재가 무상임을 알 때 윤회의 사슬이 끊어진다.

사견이 팽배한 사람은 특히 마음을 관찰하라. 시각과 형상이 부딪치면 보는 마음이 일어난다. 청각과 소리가 부딪치면 듣는 마음이 일어난다. 지금 이 순간 일어나는 마음을 관찰해야 한다. '오온 안에서 법을 본다'는 금언처럼, 몸과 마음의 생멸을 보면 진리를 알게 된다. 호흡하면서 오온에서 무슨 일이 벌어지는 지를 관찰해야 한다.

눈, 귀, 코, 혀, 몸에 대상이 부딪치면 손님 마음들이 일어난다. 무시하고 지금, 이 순간 이 마음만 관찰해야 한다. 사띠, 사마디, 지혜를 가다듬어 일어나고 사라지는 마음을 지켜보라. 관찰하는 대상과 관찰하는 마음은 동시에 일어나지 않는다. 따라서 '눈의식은 무상하다'. 사람, 중생, 너, 나로 보는 것은 바른 법이 아니다. 그저 눈의식이 소멸할 뿐이다.

눈의식의 생멸을 관찰하여 실상을 아는 것이 정도正道다. 찰나를 관찰하는 힘이 눈의식을 통해 연달아 일어나는 느낌, 갈애, 강한 집착들을 막아낸다. 줄줄이 일어나는 갈애, 강한 집착들을 그치지 못하면 반드시 탄생, 늙음, 죽음의 고통을 떠안는다. 고통의 진리가 커지지 않도록, 일어나는 마음과 생멸을 모조리 볼 수 있도록 위빠사나를 갈고 닦아라. 수행의 공덕으로 무상을 본다.

왜 심수관, 마음관찰을 배워야 하나?

범부의 지혜는 미약하고, 사견은 울창하다. 사견이 번창한 사람은 마음을 관찰해야 한다. 제 마음을 알아차려야 사견을 끊어낼 수 있다. 마음의 생멸을 관하라. 냄새가 나면 냄새 자체가 아니라 싫어하는 마음이 어떻게 움직이는 지를 관찰하라. 알아차리지 않으면 '어, 무슨 냄새야? 누가 어디서 악취를 풍기는 거야!'라며 성냄, 근심 등을 연달아 일으킨다. 마음이 생멸하는 것을 관찰해야 멈춘다. 미래의 원인을 만들지 않으면 결과를 받지 않는다.

위빠사나란 뒤따라 일어나는 오온을 끊는 일이다. 알아차리지 않고 좋아하면 갈애와 집착이 뒤따라온다. 실상을 관찰하지 않고 싫어하면 불안, 근심, 고통, 진심이 뒤따라온다. 모르는 치심을 따라 무명, 행行이 뒤따라온다. 수다원이 되려면 반드시 심수관을 해야 한다. 마음을 모르기 때문에 나, 내 것이라는 집착에 빠진다.

위빠사나란 뒤따라 일어나는 오온을 끊는 일이다.

생멸하기 때문에 고통이다. 생멸의 무상함을 알기 위해 관찰하는 것이 위빠사나의 정도正道다. 정도가 미래의 원인과 결과를 끊어낸다. 집성제와 고성제를 끊는다. 위빠사나 도는 갈애의 늪에 가라앉고 있는 범부를 구제한다. 손님 마음들 산만, 의혹, 성냄 등등, 무엇이 일어나든 관찰하라. 탐욕 없는 마음도 관하라. 자애 마음이 일어나도 오직 관하라. 관할 대상이 없다면 들숨날숨을 관하라. 무상을 알아차리면 무상을 보면 '항상하다'는 사견의 옹벽이 무너진다. 심수관을 하면 사악처를 벗어난다. 마음의 생멸을 알아차리는 것이 마음을 관하는 일이다.

마음이 일어나면 소멸할 때까지 알아차려라. 일어나는 마음은 무상, 알아차리는 마음이 바른 길正道이다. 서원과 기도가 아니라 뒷마음으로 앞마음을 알아차리는 수행으로 도·과를 증득한다. 놓치지 않고 알아차릴 때 앞마음은 생멸, 뒷마음은 도, 앞마음은 고성제, 뒷마음은 도성제가 된다. 알아차림이 익어지면 자신의 죽음을 스스로 볼 것이다.

> 뒷마음으로 앞마음을 알아차리는
> 수행으로 도·과를 증득한다.

오온을 원인으로 일어난 결과를 알려고 수행 하면 '나'라는 사견이 무너진다. 남자, 여자, 사람, 중생, 그, 나 등이 그릇된 견해임을 안다. 위빠사나 지혜로 실재의 진리를 관찰하여 실상을 보면 사견을 벗어난다.

눈과 형상이 부딪쳐 눈 의식에 접촉이 일어나 형상을 본다. 이 과정 어디에도 사람이나 중생은 없다. 느낌, 갈애, 강한 집착, 업[행위]이 일어나고 사라지는 것뿐이다. 사람, 중생은 어디에도 없다. 태어나는 순간에도 물질과 정신만 있을 뿐 사람이나 중생은 없다. 늙음, 죽음도 물질과 정신이 낡아져 소멸될 뿐, 사람, 중생은 없다. 그저 물질과 정신이 변화할 뿐이다. 사람, 중생, 남자, 여자 등은 실재가 아니다. 말로 표현된 관념이다. 오온이 고통이다, 생겨나는 것도 고통이다, 소멸하는 것도 고통이다. 알아차림으로 사견이 떨어져 나가면 위빠사나 수행이 무르익는다.

중생이 죽으면 다시 태어날까? '영원하다'고 여기는 것이 상견이다. 상견을 벗어난 수행자는 관념에 끄달리지 않는다. 오온이 일어나는 일련의 활동, 실재의 생멸만 관찰한다. 그러므로 중생이란 없다. 지금 보고 듣고 촉감하고 지각하고 자극하고 원하고 집착하고 분투하는 의식만 있을 뿐이다. 중생, 관념, 사견 등은 벗어야 할 장애물이다.

이교도들이 '중생이 죽으면 다시 태어납니까'라고 질문하면 답을 줄 수가 없다. 중생이란 없기 때문이다. 중생은 실재가 아니다. 명칭에 불과하다. 오온의 어디를 관찰하건, 고통이 생겨나고 소멸하는 것 뿐이다. 수행을 시작하기 전에 사람, 중생은 없다고 정리해야 한다. 사견과 의심을 먼저 제거한 뒤 수행해야 한다. 원인 때문에 결과가 생겨난 것뿐이다. 오온만 실재할 뿐, 사람이나 중생은 어디에도 없다. 오온의 생멸만 관찰해야 한다. 생멸을 볼 때 사견이 떨어져 나간다. 무수한 생멸이 일어나면 생멸을 혐오하는 지혜가 일어난다. 계속 관찰해 나가면 생멸의 종국에서 열반이 드러난다. 고통이 소멸한 자리에서 지옥의 종자가 말끔히 제거된다.

> 무수한 생멸이 일어나면 생멸을 혐오하는 지혜가 일어난다.

부처님은 상견과 단견, 양극단을 벗어난 중도의 길을 가르쳤다. 중도를 걸어 부처가 되시고 열반에 도달하셨다. 불교도라면 상견,

단견을 벗고 부처님 가르침대로 따라야 한다. 상견의 허물은 크지 않다. 하지만 존재계를 갈애하기 때문에 해탈하기는 어렵다. 단견은 허물이 크다. 하지만 존재계에 대한 갈애가 적어 성자를 만나면 금세 해탈할 수도 있다. 오온의 원인과 결과를 보면 사견에서 벗어날 수 있다. 사견에 얽매이면 수행력이 증장되기 어려워 도지혜를 얻지 못한다. 사견을 벗어난 순간 수행이 앞으로 나아간다. 도지혜, 과지혜를 얻을 수 있다.

지혜로 눈을 관찰하는 과정을 점검해 보자. 범부는 보는 데서 그치지 않고 갈애, 집착, 업을 연달아 일으킨다. 대상에서 일어나는 접촉의 생멸, 느낌의 생멸을 관하여 위빠사나 지혜로 멸을 보면 견고하다는 상견이 제거된다. 하나 뒤에 다른 하나가 일어나고, 앞마음에 연이어 뒷마음이 일어나는 원인과 결과를 보면서 단견이 무너진다. 이처럼 하나하나의 생멸을 관찰하라. 생을 보면서 단견이 사라진다. 멸을 보면서 상견이 제거된다. 생멸의 실상을 알아 사견이 청정해질 때 지혜가 무르익어 도지혜가 드러난다.

오온을 관하는 수행자는 현재의 원인을 끊기 때문에 미래의 결과를 만들지 않는다. 원인과 결과의 연결을 끊으려면 오온을 봐야 한다. 수행을 하지 않는 범부도 오온을 볼 수 있다. 하지만 방법이 달라서 결과의 차이가 크다. 오온을 관찰하는 수행자는 무상, 고,

무아의 성품을 보고 취온에서 해탈한다. 반면 방법을 모르는 범부는 오온을 통해 오히려 갈애, 집착, 업[행위]을 키운다.

범부는 오온을 갈애, 집착으로 보기 때문에 오히려 인과를 키운다. 반면 수행자는 오온의 생멸을 지혜로 보기 때문에 인과를 벗어나 성문 제자가 된다. 범부는 오온을 통해 갈애, 교만, 사견을 키운다. 성문제자는 오온을 통해 무상, 고통, 무아를 증장시킨다. 범부는 오온을 나, 내 가족, 내 재산이라며 집착한다. 반면 수행자는 무상, 고, 무아임을 알아 나, 내 가족, 내 재산 등의 집착이 떨어져 나간다.

이처럼 오온은 갈애, 교만, 사견의 영양분이 될 수도 있고, 무상, 고통, 무아 등 진리를 연마하는 토대가 될 수도 있다. 오온이 갈림길이다. 사악처로 추락할 수도 있고 열반으로 상승할 수도 있다. 범부의 시각은 윤회의 씨앗이지만, 수행자의 시각은 윤회를 끊어내는 도구다. 이처럼 오온을 어떻게 보고, 쓰는가에 따라 결과는 천양지차로 달라진다. 수다원을 이루고 싶다면 오온을 제대로 탐구해야 한다.

위빠사나의 시작은, '물질과 정신의 구분, 원인과 결과의 숙고'다. 이 두 가지는 범부의 몫이다. 수행자는 오온을 관찰하여 무상

을 연마한다. 지금 이 순간 체득하는
앎이 수행의 밑거름이다. 지금, 이 순
간을 알고 봐야 실질적인 결과를 얻
는다. 생멸의 무상을 통해 고통의 진

> 위빠사나의 시작은, '물질과 정신의
> 구분, 원인과 결과의 숙고'이다.

리(고성제)를 보면, 고통의 원인(집성제)이 제거된다. 오온의 생멸을
관찰하고 지혜가 성숙하면 갈애, 강한 집착, 탄생, 늙음, 죽음이 소
멸한다.

앎을 받아들이는 방식은 아래와 같다. ①현재 직접 보고 앎 ②
믿음의 앎 ③듣고 지닌 앎 ④논리적인 앎 ⑤상황의 앎 ⑥사견에
권위를 부여하는 앎 등 6가지다

불교에선 ①만 취할 뿐 나머지는 가치를 두지 않는다. 지금, 직접
보고 아는 것만 진정한 앎이다. 나머지는 타인의 말에서 나온 것
들이다. 직접 알아낸 것이 가장 믿을 수 있다.

다른 종교에는 생명의 시작, 세상의 시작이 명시되어 있다. 반면
부처님께서는 '생명과 세상의 시작점을 찾는 것은 무익하다. 어디에
서도 발견할 수 없다. 생명(중생)의 시작은 무명과 갈애뿐이다'고 말
씀하셨다. 12연기법은 무명과 행으로 시작한다. 무명에 덮였기 때
문에 사성제를 알 수가 없다. 모르는 상태로 선善을 행하기도 불선
을 짓기도 한다. 선하거나 불선한 의도를 원인으로 무명과 갈애에

덮혀 오온이 생겨난다.

오온에서 느낌, 갈애, 강한 집착, 업이 일어난다. 부처님께서 의도를 업業이라 설하셨다. 범부와 하위 성자는 인과의 법칙을 받기 때문에 의도가 업이 된다. 반면 아라한은 인과의 법칙을 완전히 벗어났기 때문에, 어떤 의도를 내도 업이 되지 않는다.

행과 업을 12연기법으로 비추어 보면, 과거 생과 현생이 일목요연해진다. 과거 생에서 지었던 업이 '행[상카라]'이다. 아직 결과가 안 나타난 현재의 업은 '업의 존재[깜마바와]'다. '행이 재생연결식[탄생]을 낳는다.' 업이 재생연결식을 일으킬 때도 있고, 일으키지 못할 때도 있다. 좋은 스승을 만나면 결과를 피해 가는 업도 있다.

오온을 모르는 불교도는 업을 기준으로 삼고, 사견으로 업에 집착한다. '업이 본질이다. 업이 재산이다'라는 경전 말씀에만 의지한다. 경장과 아비담마는 업에 대한 관점이 다르다. 업을 '내 재산'이라 여기면 업이 중심축이 되어 그릇된 자아에 집착하게 된다.

위빠사나는 업을 지금 여기서 일어나서 소멸하는 생멸이다. 업도 벗어나야 할 대상이다. '일체가 무아'라는 말씀에는 업도 포함된다. 이 생에서 다른 생으로 옮길 때 업은 물질의 형태로 이동하진 않는다. 하지만 업의 에너지(힘)가 다음 생으로 따라가서 인과를 좌우한다.

위빠사나를 수행하라. 위빠사나 지혜가 업을 끊어낸다. 열반을 지향하는 사람은 업을 키우면 안 된다. 이 생에서 저 생으로 따라가 인과를 낳는다. 오직 지혜로만 인과에서 벗어날 수 있다. 윤회의 인과를 벗어나려면, 업을 의지하면 안 된다고 단언할 수 있다.

옥포 사야도

Okpo Sayadaw

ပဒုမ္မလ ဒွါရနိကာယ အတ္ထိဆရာတော်

옥포 사야도(1817년~1904년)

옥포 사야도는 옥포 자땃사라 호수에 있는 우다꾸께빠 계단의 적법성 논쟁을 계기로 9부파 중에서 율법을 가장 엄격하게 지니는 '드와라'라는 종파를 창시하셨다.

유년기에 출가하여 교학과 삼장에 능통하셨고 의학, 약학, 천문, 시문, 산스크리트어, 힌두어, 나가리어 등 다양한 분야에도 탁월하셨다. 10가지 위빠사나 지혜를 서술한 '위빠사나냐나딴띠'를 집필하셨고, 이를 빤따웅 사야도가 해설한 '위빠사나냐나딴띠 띠까'는 수행지침서로 유명하다.

쉐진 종파의 종정께서 머리숙여 예경했다고 전해질만큼, 옥포 사야도는 특히 계율에서 모범을 보이셨다고 전한다.

위빠사나 지혜의 단계

1단계. 숙고하는 지혜[삼마사나냐나]

오온에서 숙고 고찰한다.

과거, 현재, 미래, 내부, 외부, 거친 것, 미세한 것, 저열한 것, 고귀한 것, 멀리서, 가까이서 일어나는 **이 몸[루빠]**은 소멸, 파괴되는 무상無常한 것이다. 두렵고 괴로운 고통이다. 실체가 없고 통제할 수 없고 뜻대로 되지 않는 무아다. 이렇게 숙고하는 것이 삼마사나냐나[숙고하는 지혜]이다.

과거, 현재, 미래, 내부, 외부, 거친 것, 미세한 것, 저열한 것, 고귀한 것, 멀리서, 가까이서 일어나는 **이 느낌[웨다나]**은 소멸, 파괴되는 무상無常한 것이다. 두렵고 괴로운 고통이다. 실체가 없고 통제할 수 없고 뜻대로 되지 않는 무아다. 이렇게 숙고하는 것이 삼마사나냐나[숙고하는 지혜]이다.

> 과거, 현재, 미래, 내부, 외부, 거친 것, 미세한 것, 저열한 것, 고귀한 것, 멀리서, 가까이서 일어나는 이 몸[루빠]은 소멸, 파괴되는 무상無常한 것이다.

과거, 현재, 미래, 내부, 외부, 거친 것, 미세한 것, 저열한 것, 고귀한 것, 멀리서, 가까이서 일어나는 **이 지각[산냐]**은 소멸, 파괴되는 무상無常한 것이다. 두렵고 괴로운 고통이다. 실체가 없고 통제할 수 없고 뜻대로 되지 않는 무아다. 이렇게 숙고하는 것이 삼마사나냐나[숙고하는 지혜]이다.

과거, 현재, 미래, 내부, 외부, 거친 것, 미세한 것, 저열한 것, 고귀한 것, 멀리서, 가까이서 일어나는 **이 형성[行, 상카라]**들은 소멸, 파괴되는 무상無常한 것이다. 두렵고 괴로운 고통이다. 실체가 없고 통제할 수 없고 뜻대로 되지 않는 무아다. 이렇게 숙고하는 것이 삼마사나냐나[숙고하는 지혜]이다.

과거, 현재, 미래, 내부, 외부, 거친 것, 미세한 것, 저열한 것, 고귀한 것, 멀리서, 가까이서 일어나는 **이 의식[識, 윈냐나]**은 소멸, 파괴되는 무상無常한 것이다. 두렵고 괴로운 고통이다. 실체가 없고 통제할 수 없고 뜻대로 되지 않는 무아다. 이렇게 숙고하는 것이 삼마사나냐나[숙고하는 지혜]이다.

2단계. 생멸을 숙고하는 지혜[우다얍바야냐나]
오온으로 생과 멸을 숙고한다.

무명을 원인으로 물질이 일어난다. 갈애가 있어 (갈애가 원인이 되어) 물질이 일어난다. 업이 있어 물질이 일어난다. 자양분이 있어 물질이 일어난다.

무명을 원인으로 느낌이 일어난다. 갈애가 있어 느낌이 일어난다. 업이 있어 느낌이 일어난다. 자양분이 있어 느낌이 일어난다.

무명을 원인으로 지각이 일어난다. 갈애가 있어 지각이 일어난다. 업이 있어 지각이 일어난다. 자양분이 있어 지각이 일어난다.

무명을 원인으로 행行[형성]이 일어난다. 갈애가 있어 행이 일어난다. 업이 있어 행이 일어난다. 자양분이 있어 행이 일어난다.

무명을 원인으로 의식이 일어난다. 갈애가 있어 의식이 일어난다. 업이 있어 의식이 일어난다. 자양분이 있어 의식이 일어난다.

무명이 사라져 물질이 소멸된다. 갈애가 사라져 물질이 소멸된다. 업이 사라져 물질이 소멸된다. 자양분이 없어 물질이 소멸한다.

무명이 사라져 느낌이 소멸된다. 갈애가 사라져 느낌이 소멸된다. 업이 사라져 느낌이 소멸된다. 자양분이 없어 느낌이 소멸한다.

무명이 사라져 지각이 소멸된다. 갈애가 사라져 지각이 소멸된다. 업이 사라져 지각이 소멸된다. 자양분이 없어 지각이 소멸한다.

무명이 사라져 형성(행)이 소멸된다. 갈애가 사라져 형성이 소멸된다. 업이 사라져 형성이 소멸된다. 자양분이 없어 형성이 소멸한다.

무명이 사라져 의식이 소멸된다. 갈애가 사라져 의식이 소멸된다. 업이 사라져 의식이 소멸된다. 자양분이 없어 의식이 소멸한다.

이같이 생성과 소멸을 관하는 것이 '생멸에서 일어나는 지혜'이다

3단계. 소멸을 숙고하는 지혜[방가냐나]
오온의 소멸을 숙고한다.

이 오온[다섯 더미]은 생겨난 뒤 사라진다. 오온을 이끄는 자아란 없다. 중생도, 자아도 될 수 없다. 소멸, 파괴되는 무상無常한 것이다. 두렵고 괴로운 고통이다. 실체가 없고 통제할 수 없고 뜻대로 되지 않는 무아이다.

오온[다섯더미]을 대상으로 위빠사나 마음이 일어난 뒤 소멸한다. 파괴된다. 소멸되어 사라진다. 첫 마음을 대상으로 일어난 두 번째 마음이 사라지고 파멸된다. 두 번째 마음을 대상으로 일어난 세 번째 마음이 사라지고 파멸된다. 이처럼 연속해서 관찰하는 것이 '파괴에서 일어나는 지혜'다.

> 첫 마음을 대상으로 일어난 두 번째 마음이 사라지고 파멸된다. 두 번째 마음을 대상으로 일어난 세 번째 마음이 사라지고 파멸된다.

4단계. 두려움의 지혜[바야냐나]
오온의 일어남에서 위험을 숙고한다.

이 오온이 두려운 재생연결식을 일으킨다. 이 오온이 두렵도록 연속해서 일어난다. 이 오온이 현상계의 두려운 대상[삼계의 물질과 정신]이 된다. 이 오온이 두려운 업을 일으킨다. 이 오온이 두려운 존재로 또 태어난다. 이 오온이 생과 생으로 두렵게 이어진다.

이 오온은 소멸, 파괴되는 무상無常한 것이다. 두렵고 괴로운 고통이다.

두려움이라고 반복 관찰하는 것이 '두려움에서 일어난 지혜'이다.

실체가 없고 통제할 수 없고 뜻대로 되지 않는 무아이다. 두려움이라고 반복 관찰하는 것이 '두려움에서 일어난 지혜'이다.

5단계. 허물을 보는 지혜[아디나와냐나]
오온의 파괴에서 허물을 숙고한다.

이 오온이 오욕과 결합해 [재생연결식]을 일으킨다. 오욕이란 먹이감이 없으면 재생연결식이 일어나지 않는다.

이 오온이 오욕과 결합해 연속으로 일어난다. 오욕이라는 먹이감이 없으면 연속해서 일어나지 않는다.

이 오온이 오욕과 결합해 업을 증폭시킨다. 오욕이라는 먹이감이 없으면 업이 커지지 않는다.

이 오온이 오욕과 결합해 현상계의 대상이 된다. 오욕이라는 먹이감이 없으면 현상계의 대상이 일어나지 않는다.

이 오온이 오욕과 결합해 업을 증폭시킨다. 오욕이라는 먹이감이 없으면 업이 커지지 않는다.

이 오온이 오욕과 결합해 새로운 존재로 태어난다. 오욕이라는 먹이감이 없으면 새로운 존재로 태어나지 않는다.

이 오온이 오욕과 결합해 생과 생을 연결한다. 오욕이라는 먹이감이 없으면 생과 생이 연결되지 않는다.

이 오온의 성품은 소멸 파괴되는 무상無常한 것이다. 두렵고 괴로운 고통이다. 실체가 없고 통제할 수 없고 뜻대로 되지 않는 무아다. 이것이 파괴를 거듭 관하는 '허물에서 일어난 지혜'다.

6단계. 혐오의 지혜[닙비다냐나]
오온의 파괴되는 성품으로 인해 혐오를 숙고한다.

파괴되는 오온의 성품으로 혐오를 숙고한다. 오온과 오온의 생멸을 '혐오스럽구나, 역겹구나, 집착하거나 의지할 게 아니구나'라고 숙고한다. 파괴되고 혐오스러운 성품을 거듭 관하는 것이 '혐오에서 일어난 지혜'이다.

7단계. 해탈을 원하는 지혜[문찌뚜까미야따냐나]
해탈 자리, 해탈할 기회를 숙고한다.

이 오온이 일어나고 소멸하는 것을 '진짜 고통이다! 정말 괴롭다! 언제쯤 벗어날까! 해탈하고 싶다! 고통을 벗어나면 좋겠다!' 등으로 관하며 해탈을 숙고하는 것이 '해탈을 원하는 지혜'다.

8단계. 다시 숙고하는 지혜[빠띠산카냐나]
오온이 혐오스럽다고 거듭 반복해서 숙고한다.

오온은 항상 변하는 한계를 지니기에 무상하다. 오온은 견고하지 못한 성품이기에 무상하다. 오온은 한 찰나 정도만 머물기에 무상하다. 오온은 생멸로 끊어지기에 무상하다.

> 오온은 한 찰나 정도만 머물기에 무상하다. 오온은 생멸로 끊어지기에 무상하다.

이 오온은 참을 수 없고, 의지할 수 없고, 안락한 은둔처도 아니고, 괴롭고, 생멸만 거듭하는 고통이다.

이 오온은 본체도 없고, 주체도 없고, 실체도 없고, 무익하고, 통제할 수 없고, 뜻대로 되지 않는 무아다. 이렇게 다시 숙고하는 것이 빠띠산카냐나다.

9단계. 평정하는 지혜[상카루뻭카냐나]
평정심으로 관함.

이 오온은 역겨운 냄새가 나고, 쓸모없고, 항상 고통스럽고, 주체도 없고, 공허하고, 백해무익하다. 저 오온은 내 것도, 나의 소유물도 아니다. 내 것이 아니다. 이처럼 조건지워진 오온과 자신을 구분하여 평정심으로 관하는 것이 상카루카냐나다.

10단계. 진리에 순응하는 지혜[삿짜누로마냐나]
삼법인을 대상으로 오온을 숙고한다.

위빠사나 도가 일어나는 순간, 빤냣띠(관념)가 제거된다. 삼법인을 대상으로 삼아 빠리깜마(준비단계 사마디), 우빠짜라(근접단계 사마디), 아누로마(도지혜에 순응하는 단계) 지혜가 일어나고 소멸한다. 아누로마와 결합하여 도지혜에 순응하는 지혜가 일어난다.

연이어 열반을 대상으로 삼는 고뜨라부 지혜(범부의 혈통을 끊어내는 지혜)가 일어나고 소멸한다. 한 차례 도道마음이 일어나고 소멸한다. 과마음이 1~2, 혹은 3번 일어나고 소멸한다. 이어서 바왕가(잠재의식)가 일어난다. 이것이 지혜의 10단계이다.

그 후 열반을 대상으로 삼는 고뜨라부지혜, 도지혜, 과지혜들이 연속으로 일어났음을 다시 회광반조한다.

빠띠삼비다막가 빨리경을 근거로 위빠사나 지혜 10단계를 간략하게 보았다.

아누룻다 존자

Acariya Anuruddha

아누룻다 존자(AD 11 세기 후반)

부처님께서 설하신 가르침은 삼장, 즉 경·율·논(아비담마)으로 나뉜다. 논장(아비담마삐따까)에는 『담마상가니』·『위방가』·『다뚜까타』·『뿍갈라빤냣띠』·『까타왓투』·『야마까』·『빳타나』의 七論이 있다. 부처님께서 설하신 방대한 아비담마삐따까를 이해시키고자 하는 책들은 과거에 많았다.

그 중에서 아누룻다 존자의 『아비담맛타상가하』는 가장 간략하고, 명확하며, 군더더기 없이 요점을 일목요연하게 정리한 최고의 책이며, 테라와다 교학에서 매우 중요한 위치를 차지하는 아비담마 기초 개론서이다.

아누룻다 존자는 11세기 중반, 인도의 남쪽 지방 까위라에서 태어났다. 당시 남인도 승려들은 가까운 스리랑카로 건너가 불법을 배우거나 후학을 양성하며 지냈는데, 아누룻다 존자의 궤적도 비슷했을 것으로 추정된다. '7가지 청정의 단계'는 『아비담맛타상가하』에 있는 내용을 그대로 발췌한 것이다. 위빠사나 수행 단계를 간략하게 보여준다.

7가지 청정의 단계

1. 계청정 2. 마음청정 3. 견해청정 4. 의혹에서 벗어난 청정 5. 바른 길과 옳지 못한 길을 보는 지혜청정 6. 도 닦음에 대한 지혜의 시각[봄] 청정 7. 지혜의 시각 청정

1. 계청정-실라위숟디

율법으로 지정한 모든 계행, 육근(눈·코 등)을 보호하는 계행, 청정한 생계를 유지하는 계행, 비구의 4대 물품(사원, 가사, 약, 음식)을 청정하게 유지하는 계행 등 4가지가 "계청정"이다.

2. 마음 청정-찟따위숟디

우빠짜라사마디(근접삼매-선정, 도, 과에 도달하기 전의 사마디), 압빠나사마디(본삼매-선정), 이 두 가지가 "마음청정"이다.

3. 견해청정-딧키위숟디

수행자가 물질과 정신을 구분할 때(나마루빠빠리가하), '특징(성품), 작용(일), 드러나는 상태, 가까운 원인'으로 구분하는 것을 "견해청정"이라 이름한다. ['나마루빠빠리가하'는 이것은 물질이다, 이것은 정신이다 등, 각각으로 구분하여 아는 지혜다.]

4. 의혹에서 벗어난 청정-낀카위따라나위숟디

수행자가 물질과 정신의 원인을 점검하고 분간하여 취하는 일 (빳짜야빠리가하)이 "의혹에서 벗어난 청정"이다.

5. 바른 길과 그릇된 길을 아는 지혜 청정-막가막가냐나다사나 위숟디

'의혹에서 벗어난 청정' 이 원인을 점검하고 분간하기 때문에, 숙고하는 지혜[1]는 삼계의 다양한 상카라(세속의 물질과 정신)를 대상으로 삼는다. 깔라빠(최소입자 모임)로 소멸하여 무상이다. 그러므로 두려운 고통이며, 실체가 없는 무아이다. 시간, 연속성, 찰나를 삼법인으로 숙고한다.

> 수행자가 물질과 정신의 원인을 점검하고 분간하여 취하는 일(빳짜야빠리가하)이 "의혹에서 벗어난 청정"이다.

---

1   삼마사나냐나(숙고하는 지혜)
    〈오온을 숙고하는 지혜, 삼마사나냐나가 일어나면서 위빠사나에 입문한다.〉
    과거, 현재, 미래, 내부, 외부, 거친 것, 미세한 것, 저열한 것, 고귀한 것, 멀리서, 가까이서 일어나는 이 몸[물질]은 소멸, 파괴되는 무상無常한 것이다. 두렵고 괴로운 고통이다. 실체가 없고 통제할 수 없고 뜻대로 되지 않는 무아다. 이렇게 숙고하는 것이 삼마사나냐나[숙고하는 지혜]이다.
    과거, 현재, 미래, 내부, 외부, 거친 것, 미세한 것, 저열한 것, 고귀한 것, 멀리서, 가까이서 일어나는 이 느낌은 소멸, 파괴되는 무상無常한 것이다. 두렵고 괴로운 고통이다. 실체가 없고 통제할 수 없고 뜻대로 되지 않는 무아다. 이렇게 숙고하는 것이 삼마사나냐나[숙고하는 지혜]이다.
    지각, 형성(행)과 식에 대해서도 이와 같이 숙고한다.

삼계의 상카라(세속의 물질과 정신)의 원인을 숙고하고 찰나로 관하여, 우다얍바야냐나(생멸을 보는 지혜)로 생과 멸을 계속해서 관하는 수행자에게 10가지 위빠사나의 경계(미혹시키는 경계)가 나타난다.

> 원인을 점검하고 분간하기 때문에, 숙고하는 지혜 는 삼계의 다양한 상카라(세속의 물질과 정신)를 대상으로 삼는다.

10가지는 몸에서 나오는 빛(aura), 희열, 몸과 마음의 고요(경안), 투철한 신심(결의), 분투하는 정진력, 지복감(至福), 예리한 지혜, 수행 대상에 안착된 사띠, 평정심, 위빠사나를 향한 결단 등이다.

> 시간, 연속성, 찰나를 삼법인으로 숙고한다.

빛 등의 현혹시키는 요인들을 걸러내고 바른 길과 그릇된 길을 능숙하게 구분하는 지혜가 "바른 길, 그릇된 길을 아는 지혜"이다.

6. 도에 도달하게 하는 지혜의 시각[봄] 청정-빠띠빠다냐나닷사나위숟디

미혹을 벗어난 수행자에게 생멸을 보는 지혜가 일어난다. 이를 시작으로 삼법인을 숙고하여 도에 순응하는 지혜(아누로마냐나)까지 분투하면 "도에 도달하는 지혜의 시각 청정"에 이른다.

7. 지혜의 시각 청정-냐나닷사나위숟디

위빠사나 지혜가 무르익으면 '본삼매가 일어날' 순간에 잠재의 식의 흐름을 끊어내고서 의문전향의식이 일어난 뒤 2~3차례 위빠사나 마음들이 뒤따른다. 무상 등을 대상으로 삼아 빠리깜마(준비단계사마디), 우빠짜라(근접단계사마디), 아누로마(도지혜에 순응하는 단계)가 일어난다.

원인을 숙고하고 찰나로 관하여, 우다얍바야냐나(생멸을 보는 지혜)로 생과 멸을 계속해서 관하는 수행자에게 10가지 위빠사나의 경계가 나타난다.

최상위 평정하는 지혜(상카루뻭카냐나)가 일어난다. 아누로마와 함께 일어나는 평정하는 지혜가 웃타나가미니위빠사나(업의 물질과 정신에서 벗어나 도道에 도착하는 위빠사나)다.

아누로마에 연이어 일어나는 고뜨라부 마음(세속의 혈통을 끊어내는 마음)으로 열반을 숙고하여 성자에 반열에 오른다.

도의 일(작용) 16가지

고뜨라부 마음을 이어 고집멸도(苦集滅道)에 대한 16가지 작용이 일어나며 본삼매에 올라선다[2]. 도마음이 2번, 과마음이 3번 일

---

2 1) 고통의 진리(고성제)를 능통하게 구분하는 苦
   2) 고통의 원인을 제거하는 集,
   3) 열반(멸성제)을 대상으로 철견하는 滅
   4) 도성제(팔정도)가 일어나는 道
   수다원, 사다함, 아나함, 아라한에 위의 4가지 작용을 곱해 16이다.

어난 뒤 다시 잠재의식과 마주한다.

반조의 지혜가 일어나는 모습

잠재의식의 흐름을 끊어내는(뚫고서) 반조의 지혜가 일어난다.

반조의 지혜

출세간의 지혜에 도달한 성자는 도·과·열반을 숙고한다.

제거한 번뇌와 남은 번뇌를 숙고하는 분도 있다. 반면 숙고하지 않는 분도 있다.

6가지 청정이 차례로 일어나 도달하는 4가지 도(수다원 등)가 "지혜의 시각 청정"이다.

미얀마의 수행센타들 연락처

▶ **때인구 센터**

Theinngu Meditation Centre(Headquarters)

Nhokhone Village, Mawbi Township,

Yangon region, Myanmar

phone)+95 9 692224824, +95 9 444919798

▶ **순룬 센터**

SUNLUN Meditation Center

7th Mile, Pyay Road, Thalawaddy Road,

Off U Lun Maung Street,

Yangon, Myanmar

Phone) +95 1 660 860

▶ 모곡 센터

Mogok Vipassana Meditation Center
Founded by Mogok Sayadaw U Vimala.
*82 Natmauk Road, Bahan Township.
Yangon, Myanmar
phone)+95 541860, +95 546466, +95 8603543

▶ 삿담마란시 센터

Saddhammaramtsi Mahashi Meditation Centre
7 Zeyar Khemar Road, Near 8mile junction 8
Mayangone 7SHP. Yangon, Myanmar
Tradition: Vipassana / Mahasi Sayadaw method
Tel. +95-1- 650576, +95-9- 457730386

▶ 쉐우민 센터

Shwe Oo Min Dhamma Sukha Yeiktha
'The International Centre'
Aung Myay Thar Yar Road, Gone Tala Poung village
Mingaladon township, Yangon, Myanmar
Tel. +95-9- 5071765. +95-1- 636402.
Email:headway@mptmail.net.mm
Tradition: Cittanupassana Vipassana Meditation Method
Teacher: Ven. Sayadaw U Tejaniya

미얀마의 수행센타들 연락처

Shwe Oo Min Dhamma Thukha Yeikta

The 'Burmese Centre'

North Okkalapa, Yangon

Tel: 664807

Tradition: Cittanupassana Vipassana Meditation

▶ 찬메 센터

Chanmyay Mahashi Meditation Centre

55A Kaba Aye Pagoda Road

Kaba Aye P.O. Yangon (Rangoon) 11061

Tel: +95-1- 661479, Fax: +95-1- 667050

Email:chanmyay@mptmail.net.mm

Web site:www.chanmyay.org

Teacher: Ven. Sayadaw U Janaka

Tradition: Vipassana using the Mahasi Sayadaw method

HMAWBI — Chanmyay Yeiktha Forest Centre

No. 588, No. 3 Block, Hmawbi Township,

Yangon, Myanmar

Tel: +95-1- 620-321

Email:chanmyay@mptmail.net.mm

Web site:www.chanmyay.org

Teacher: Ven. Sayadaw U Janaka

Tradition: Vipassana using the Mahasi Sayadaw method

▶ 마하시 본원 센터

Mahasi Sasana Yeiktha Meditation Centre

Buddha Sasana Nuggaha Organisation

No 16, Sasana Yeiktha Road, Yangon, 11201Myanmar

Tel: +95-1- 541971, +95-1- 552501

Fax: +95-1- 289960, +95-1- 289961

Email:Webmaster@mahasi.com

Web site:www.mahasi.com

Tradition: Satipatthana Vipassana meditation

▶ 빤디따라마 마하시 센터

Panditarama Mahashi Meditation Centre

80 A, Thanlwin Road

Shwe Gon Dine P.O., Bahan

Yangon, Myanmar

Tel: +95-1- 535448, +95-1-705525

Web site:web.ukonline.co.uk/buddhism/pandita.htm

Teacher: Ven. Sayadaw U Pandita

Tradition: Vipassana using the Mahasi Sayadaw method

Panditarama Forest Meditation Centre(Shwe Taun Gon)

Tel. +95-1-535448 and +95-1-705525

▶ 파아욱 센터(본원)

Pak Auk Forest Monastery

c/- Major U Khan Sain

653 Lower Main Road

Mawlamyine, Mon State, Myanmar

Tel: +95-32-22132

Web site:www.paauk.org

Teacher:Ven. Pa Auk Sayadaw

Yangon Contact: U Thet Tin

30 Myananda Lane

Kyank Grove Quarter

Yankin Township, Yangon, Myanmar

Method: Pak Auk method of meditation

▶ 고엔카 센터

Dhamma Joti Vipassana Centre

고엔카(Goenka) 10일 코스(담마 조띠 센터)

Wingaba Yele Kyaung

Nga HtatGyi Pagoda Road,

Bahan Township, Yangon, Myanmar

Tel: +95-1-549 290

Contact: Mr. Banwariji Goenka, Bandoola International Ltd

Office. No. 134, Shwebontha Street, Yangon, Myanmar

Tel: +95-1-72467, +95-1-248 174, +95-1-248 175,

Fax: +95-1-289 965

Sayagi U Ba Khin Vipassana Centre

299, Bosundat Street, Yangoon, Myanmar

Tel: Res. +95-1-524 983; Off. +95-1-281 277

Email:BANDOOLAMYANMAR@mtp400.stems.com

Tradition: Sayagi U Ba Khin

▶ 국립테라와다 불교대학

International Theravada Buddhist University

(외국인 입학 가능, 영어로 강의함)

Dhammapala Hill, Mayangone P.O.

Yangon, Myanmar

Tel: 095-1-665673 / 095-1-660171

Fax: 095-1-665728 / 095-1-660789

미얀마 아라한의 수행
9 위빠사나 선사들의 법문 모음

초판 1쇄 인쇄 | 2023년 7월 25일
초판 1쇄 발행 | 2023년 8월 1일

편역 | 강종미

펴낸이 | 김인형   펴낸곳 | 해장각

편집 | 金侖

출판등록 | 제2011-000017호
주소 | 서울 송파구 중대로 40길 5, 법융사
전화 | 010-6615-3648, 010-2707-4144, 02-449-9740
이메일 | saagara2011@gmail.com
        kjmi513@hanmail.net

ⓒ 강종미, 2023
ISBN 978-89-966459-1-7 (03220)